Viney Prakash Dubey
Mehak Dhawan

Avaliação nutricional de lutadores masculinos e femininos do Punjab

Viney Prakash Dubey
Mehak Dhawan

Avaliação nutricional de lutadores masculinos e femininos do Punjab

ScienciaScripts

Imprint

Cover image: www.ingimage.com

This book is a translation from the original published under ISBN 978-3-659-78606-8.

Publisher:
Sciencia Scripts
is a trademark of
Dodo Books Indian Ocean Ltd. and OmniScriptum S.R.L publishing group

120 High Road, East Finchley, London, N2 9ED, United Kingdom
Str. Armeneasca 28/1, office 1, Chisinau MD-2012, Republic of Moldova, Europe
Printed at: see last page
ISBN: 978-620-8-23510-9

Dedicado à minha família

RECONHECIMENTO

Antes de mais, gostaria de agradecer ao Todo-Poderoso o seu apoio e as suas bênçãos nesta longa viagem.

Gostaria de exprimir o meu profundo sentimento de gratidão para com a minha orientadora esclarecedora, a Sra. Sarika, Professora, Faculdade de Medicina Desportiva e Fisioterapia, Universidade Guru Nanak Dev, Amritsar. Pela sua preciosa sugestão, introspeção profunda e orientação erudita para a realização desta tarefa.

Expresso os meus sinceros cumprimentos ao meu nobre e iluminado professor, Dr. Shyamal Koley, Diretor do Departamento de Medicina Desportiva e Fisioterapia da Universidade Guru Nanak Dev, Amritsar, cujos conhecimentos, orientação, encorajamento constante e profunda visão sem os quais este estudo não teria encontrado a sua forma final.

Estou grato ao Dr. Jaspal Singh Sandhu, Professor, Diretor do Departamento de Medicina Desportiva e Fisioterapia da Universidade Guru Nanak Dev, Amritsar, pela sua inspiração durante todo o período do meu estudo aqui.

Estou grato à Dra. Shweta Shenoy, ao Dr. B. R. Nanda, à Sra. Maman Paul, à Sra. Sarika Chaudhary, à Sra. Archna Sharma e ao Sr. Amrinder Singh, do Departamento de Medicina Desportiva e Fisioterapia da Universidade Guru Nanak Dev, em Amritsar, pela sua orientação e sugestões oportunas e pela sua ajuda duradoura no presente estudo.

Gostaria de agradecer aos meus pais a confiança que depositaram em mim e não tenho palavras para lhes transmitir o meu apreço e os meus sinceros cumprimentos.

Os meus sinceros agradecimentos a Anup, Mayur, Mehak, Rakesh, Bharat, Ravi e Sadajeet por me terem ajudado no meu estudo.

Estou grato a todos os meus sujeitos, pelo seu tempo e cooperação na participação no meu estudo, o que permitiu que este fosse realizado a tempo.

Por último, mas não menos importante, gostaria de agradecer ao Sr. Subhash yadav e ao pessoal do departamento que me ajudou a realizar este projeto com êxito.

Viney Prakash Dubey

ÍNDICE DE CONTEÚDOS:

CAPÍTULO 1

INTRODUÇÃO

No mundo de hoje, a nutrição desempenha um papel vital para o indivíduo normal e para o desportista. A nutrição pode fazer a diferença no desempenho desportivo. A luta livre é um dos desportos mais exigentes do ponto de vista físico, pelo que uma nutrição adequada é fundamental para um bom desempenho. Como treinadores, defendemos vivamente que os lutadores façam uma dieta equilibrada de alimentos nutritivos. A qualidade da alimentação tem um efeito direto no desempenho em competição, na sala de treino e na sala de aula.

A luta livre é um desporto que exige potência, força e agilidade. Para satisfazer esta exigência, a dieta de um atleta é muito importante para fornecer nutrição e satisfazer a procura de energia necessária. A nutrição também desempenha um papel importante na recuperação após um evento e também após uma lesão.

No mundo atual, em que a competição é renhida, uma pessoa não se pode dar ao luxo de arriscar em qualquer área, pois uma fração mínima pode privá-la da fama e da fortuna. Um treino físico adequado, combinado com uma boa nutrição, pode contribuir muito para a obtenção de resultados óptimos. Em geral, a "nutrição desportiva" pode ser definida como uma aplicação especial da ciência da nutrição para melhorar o desempenho no desporto. Para se tornar um lutador de sucesso, um indivíduo precisa de comer alimentos nutritivos e equilibrados, derivados de hidratos de carbono, gorduras e proteínas essenciais.

A dieta dos lutadores pode ser estabelecida comendo as quantidades certas de cada um dos três macronutrientes: hidratos de carbono, proteínas e gorduras. Idealmente, os lutadores devem seguir uma dieta que obtenha 60% das calorias dos hidratos de carbono, 25-30% das proteínas e 20-25% das gorduras.

Os hidratos de carbono são armazenados sob a forma de glicogénio no músculo e no fígado e constituem a "reserva de energia" dos músculos utilizada nas actividades de resistência aeróbica e anaeróbica. A maximização destas reservas resulta numa melhor resistência, num atraso da fadiga e, consequentemente, num melhor desempenho. Os hidratos de carbono são o componente mais importante da dieta de um lutador, uma vez que fornecem a maior parte da energia necessária para a atividade física. Durante o exercício, o glicogénio é decomposto em glicose para fornecer energia ao músculo. Uma reposição inadequada de glicogénio pode levar a um músculo pesado e cansado, a um fraco desempenho e a uma fadiga geral.

Durante o exercício prolongado, as reservas de gordura são fontes de combustível predominantes, os jogadores de resistência bem treinados consomem gordura de forma mais eficiente, poupando as reservas limitadas de glicogénio. As gorduras promovem a absorção de outros nutrientes e aumentam, até certo ponto, a taxa de crescimento muscular. No entanto, têm a maior tendência para aumentar os níveis de gordura corporal dos três macronutrientes e também diminuem a resistência e o tempo de recuperação quando consumidas em excesso. Os lutadores geralmente não precisam de consumir qualquer gordura para além da que está naturalmente contida nas outras fontes de macronutrientes que ingerem. A ingestão de gordura deve ser adequada para fornecer ácidos gordos essenciais e vitaminas solúveis em gordura, bem como para ajudar a obter energia adequada para a manutenção do peso. Durante períodos de elevada atividade física, as necessidades energéticas e de macronutrientes - especialmente hidratos de carbono e proteínas - devem ser satisfeitas para manter o peso corporal, repor as reservas de glicogénio e fornecer proteínas adequadas para a construção e reparação dos tecidos.

A proteína serve principalmente como um bloco de construção para o tecido muscular, e o aumento da massa muscular traduz-se num aumento da força e resistência muscular. Além disso, quanto maior for a massa muscular, mais fácil será perder gordura. As fontes de proteínas variam muito em termos de teor de gordura e da sua capacidade de serem absorvidas pelos músculos. As boas fontes de proteínas incluem ovos, peixe, frango, peru, carne de vaca magra e produtos lácteos com baixo teor de gordura (queijo fresco, iogurte, queijo, etc.). Os jogadores necessitam de mais proteínas do que os não jogadores e é importante para reparar o tecido muscular após o exercício. O momento e o tipo de consumo de proteínas é um aspeto importante a ter em conta. Dados recentes indicam que o consumo de uma pequena refeição com uma composição mista de hidratos de carbono e proteínas antes de um evento ou exercício resulta num melhor desempenho (Saunders *et al.,* 2004).

Os hidratos de carbono fornecem aos músculos e ao cérebro os combustíveis necessários para enfrentar o stress do treino e da competição. Os atletas devem saber que alimentos devem escolher para satisfazer as suas necessidades de hidratos de carbono, que quantidade devem ingerir e quando devem ingerir esses alimentos.

Um regime alimentar variado que satisfaça as necessidades energéticas e que se baseie, em grande parte, em escolhas ricas em nutrientes, tais como vegetais, legumes, feijões, leguminosas, cereais, carnes magras, peixe e lacticínios, deverá garantir uma ingestão adequada de todas as vitaminas e minerais essenciais. A exclusão de qualquer um destes grupos de alimentos aumenta o risco de não se satisfazerem as necessidades de nutrientes importantes e significa que devem ser feitas escolhas alimentares mais cuidadosas.

Os alimentos ricos em proteínas são importantes para a construção e reparação dos músculos, mas uma dieta variada, contendo alimentos do quotidiano, fornecerá geralmente proteínas mais do que suficientes. Também no caso das proteínas, o momento da ingestão em relação ao treino e à competição pode ser importante e a ingestão de uma pequena quantidade de alimentos contendo proteínas logo após o treino pode ajudar a promover as adaptações que ocorrem nos músculos. Dietas vegetarianas bem escolhidas podem facilmente satisfazer as necessidades proteicas.

A gordura também fornece combustível ao corpo. Em caso de exercício moderado, cerca de metade do gasto energético total provém do metabolismo dos ácidos gordos livres. Se o evento durar mais de uma hora, o corpo pode utilizar maioritariamente gorduras como energia. A utilização da gordura como combustível depende da duração do evento e da condição do lutador. Os lutadores treinados utilizam a gordura como energia mais rapidamente do que os lutadores não treinados. O consumo de gordura não deve ser inferior a 15% da ingestão total de energia, pois pode limitar o desempenho. Os lutadores que estão sob pressão para atingir ou manter um peso corporal baixo são susceptíveis de utilizar a restrição de gordura e devem ser informados de que isso irá prejudicar o seu desempenho.

O aumento da ingestão calórica através de uma dieta variada assegura uma quantidade suficiente de vitaminas e minerais para os lutadores. Não há provas de que a ingestão de mais vitaminas do que as obtidas através da ingestão de uma variedade de alimentos melhore o desempenho. A tiamina, a riboflavina e a niacina (vitaminas B) são necessárias para produzir energia a partir das fontes de combustível da dieta. No entanto, estas vitaminas podem ser obtidas em abundância através da ingestão de uma variedade de alimentos. Os alimentos ricos em hidratos de carbono e proteínas são excelentes fontes destas vitaminas. Para além disso, as vitaminas B são solúveis em água e não são armazenadas no corpo, pelo que a toxicidade não é um problema. Algumas lutadoras podem ter falta de riboflavina, por isso é importante assegurar um consumo adequado de alimentos ricos em riboflavina, como o leite. Os produtos lácteos não só aumentam o nível de riboflavina como também fornecem proteínas e cálcio. O corpo armazena o excesso de vitaminas lipossolúveis A, D, E e K. Quantidades excessivas de vitaminas lipossolúveis podem ter efeitos tóxicos.

Os minerais também desempenham um papel importante no desempenho. O exercício intenso afecta o fornecimento de sódio, potássio, ferro e cálcio ao organismo. A transpiração durante o exercício aumenta a concentração de sal no corpo. O consumo de comprimidos de sal após as competições e os treinos não é aconselhável, uma vez que retira água das células, provocando a fraqueza dos músculos. As boas diretrizes para o sódio são 1) evitar quantidades excessivas de sódio na dieta e 2) bebidas contendo sódio após eventos de resistência podem ser úteis.

O ferro transporta o oxigénio através do sangue para todas as células do corpo e é outro mineral importante para as lutadoras. As lutadoras com idades compreendidas entre os 13 e os 19 anos podem ter reservas inadequadas de ferro devido à menstruação e ao exercício extenuante. As lutadoras que treinam intensamente têm uma elevada incidência de amenorreia, a ausência de períodos menstruais regulares, pelo que conservam as reservas de ferro. Os suplementos de ferro podem ser prescritos por um médico se os testes laboratoriais indicarem uma deficiência de ferro. O excesso de ferro pode causar obstipação. Para evitar este problema, coma frutas, legumes, pães e cereais integrais.

O cálcio é um nutriente importante para todos, uma vez que é importante para a saúde dos ossos e para a função muscular. As lutadoras devem ter um fornecimento adequado de cálcio para evitar a perda de cálcio dos ossos. A perda de cálcio pode levar à osteoporose mais tarde na vida. A escolha de produtos lácteos com baixo teor de gordura é a melhor fonte de cálcio.

Beber líquidos suficientes é crucial durante a época. A intensidade dos treinos e dos jogos faz com que seja muito fácil ficar desidratado e a desidratação prolongada ou persistente é extremamente prejudicial para a saúde.

A água deve ser a primeira escolha quando se trata de repor fluidos; não há substituto para ela. Os lutadores devem beber pelo menos metade do seu peso corporal em onças fluidas de água todos os dias, mesmo nos dias em que não há treinos ou competições. As bebidas desportivas, como o Gatorade, podem ser consumidas imediatamente após um treino ou combate, mas devem ser evitadas em todas as outras alturas. Os sumos de fruta também são bons depois de um jogo ou treino intenso. O leite pode ser consumido em qualquer altura, exceto cerca de uma hora antes de um jogo. A desidratação pode comprometer o desempenho no exercício e, por isso, é importante começar o exercício num estado de eu-hidratação. Uma perda de líquidos de 6% a 10% da massa corporal pode resultar em falta de ar, tonturas, perturbações circulatórias, vómitos e cãibras musculares. Por isso, juntamente com a suplementação desportiva adequada, os lutadores devem seguir técnicas de hidratação adequadas antes, durante e depois dos eventos ou do exercício.

Certos princípios gerais de condicionamento e nutrição são comuns a todos os desportos, mas é importante dar ênfase a aspectos específicos para um desempenho ótimo em cada desporto. Os jogadores de desportos colectivos precisam de seguir princípios de nutrição sólidos para otimizar a sua composição corporal, recuperar diariamente após o treino e precisam de consumir o combustível ideal antes do treino e da competição. Estes jogadores também têm necessidades nutricionais únicas com base no tipo de sessões de treino específicas dos seus desportos.

O suplemento deve ser constituído principalmente por hidratos de carbono, com uma quantidade adequada de proteínas e pouca ou nenhuma gordura. As fontes de hidratos de carbono de IG baixo e moderado, como os cereais integrais, são preferíveis, pois fornecem uma energia mais duradoura. A maioria das bebidas desportivas não contém proteínas, no entanto, novas investigações dos principais laboratórios de exercício físico mostram agora que as bebidas desportivas que contêm proteínas em equilíbrio correto com hidratos de carbono podem retardar a fadiga, mesmo durante mais tempo do que um suplemento desportivo que contém apenas hidratos de carbono (Williams *et al.,* 1992). O conteúdo proteico destes suplementos é derivado de fontes alimentares como o leite, o ovo ou a proteína de soja. A proteína num suplemento desportivo pode oferecer uma vantagem adicional ao ajudar o músculo a recuperar rapidamente.

A anemia por deficiência de ferro (níveis de hemoglobina inferiores a 12g/dl) tem um impacto importante no desempenho e no estado imunitário. Diminui a capacidade aeróbica e a resistência, induz a fadiga e reduz a resistência às infecções. Ainda não foi claramente estabelecido se a depleção de ferro (baixas concentrações de ferritina e ferro reduzido na medula óssea) afecta negativamente o desempenho, mas certamente que uma ferritina baixa não é algo a ignorar. No entanto, muitos sugerem que as alterações na concentração de ferritina plasmática se devem ao treino intenso ou como resposta à inflamação, e que a hemoglobina sanguínea baixa em alguns atletas se deve simplesmente à expansão do volume plasmático. A avaliação do estado do ferro em lutadores não é claramente simples. Tendo em conta os índices medidos do estado do ferro, os hábitos alimentares individuais, a função digestiva, os padrões menstruais e outros factores significativos devem ajudar a determinar o impacto que o estado do ferro pode estar a ter no desempenho de um indivíduo em particular. É justo dizer que, nalguns casos, as medições limítrofes ou as que se encontram no limite inferior do "normal" são frequentemente clinicamente significativas e que a suplementação com ferro produz melhorias visíveis no estado do ferro e no desempenho.

O uso de suplementos de ferro nesta altura pode também prevenir o desenvolvimento de uma anemia completa por deficiência de ferro nalgumas lutadoras, que é frequentemente quando a "re-pleção" é mais difícil, especialmente através da dieta apenas. As formas inorgânicas de ferro (por exemplo, sulfato ferroso, gluconato ferroso) são notoriamente mal absorvidas e causam frequentemente problemas gastrointestinais como a obstipação. Mais importante ainda, muitas vezes não conseguem aumentar os níveis de Hb. Nos casos em que a suplementação com ferro é considerada adequada (ou seja, anemia), deve ser seriamente considerada a utilização de novos suplementos de ferro "em forma de alimento". O ferro em forma de alimento é uma versão do ferro que foi cultivada em células de levedura, e a capacidade de absorção do ferro à base de levedura é muito mais próxima do ferro hemático. Além disso, produz poucos ou nenhuns efeitos secundários incómodos.

HIPÓTESE

- Haverá diferenças consideráveis no estado nutricional entre lutadores masculinos e femininos.
  - OBJECTIVO:
  - Avaliar os padrões alimentares em lutadores masculinos e femininos e alargar a base atual de conhecimentos para desenvolver uma melhor saúde

nutricional.

- OBJECTIVOS:
- Estimar o estado nutricional dos lutadores masculinos e femininos
- Descobrir a associação da alimentação com a categoria de peso dos jogadores.
- Para descobrir as necessidades alimentares dos lutadores masculinos e femininos a nível distrital

CAPÍTULO 2

REVISÃO DA LITERATURA

Uma revisão exaustiva da literatura relacionada fornece informação de base e uma visão clara das áreas de investigação, que ajudam o investigador a formular e a realizar o trabalho de investigação. A literatura em causa relacionada com o estudo do estado nutricional e da ingestão dos lutadores

2.1 NECESSIDADES NUTRICIONAIS DE UM ATLETA

As necessidades nutricionais dos atletas variam consoante o seu tamanho físico, sexo e natureza da atividade desportiva. O primeiro componente para otimizar o treino e o desempenho através da nutrição é garantir que o atleta está a consumir calorias suficientes para compensar o gasto de energia. Os corredores de maratona, os ciclistas e os esquiadores de fundo que necessitam de manter os níveis de energia durante longos períodos de tempo podem consumir entre 2600-5000 calorias (Nieman, 1986). As necessidades energéticas dos jogadores de voleibol podem atingir 50 kcal/kg de peso corporal, aproximadamente 3400 kcal/dia, uma vez que gastam uma enorme quantidade de energia. As necessidades energéticas dos desportistas dependem principalmente do volume e da intensidade das diferentes fases de treino, que variam entre 2600-5000 kcal/dia.

A utilização de suplementos de hidratos de carbono e de proteínas densos em nutrientes e com elevado teor calórico ajuda a manter um nível ótimo de ingestão de energia nos atletas. Para os atletas, o RD A da Academia Nacional de Ciências para os hidratos de carbono é de 6-10 g/kg de peso corporal. Os atletas envolvidos em quantidades moderadas de treino intenso necessitam de consumir 55-60% de hidratos de carbono, ou seja, 5-8 g/kg/dia para atletas de 50-150 kg, a fim de manter as reservas de glicogénio hepático e muscular. Os desportistas envolvidos em treinos intensos de grande volume precisam de consumir 8-10 g/dia, ou seja, 400-500 g/dia para um atleta com 50-150 kg.

Os atletas de resistência utilizam as proteínas principalmente para manter o metabolismo aeróbico, em comparação com as necessidades acrescidas de reparação dos tecidos dos atletas de força. Quando a ingestão é inadequada, o corpo sequestra as proteínas necessárias do tecido magro, o que dá aos atletas de resistência sobretreinados uma aparência magra. Um défice de proteínas também prejudica a recuperação do atleta e a capacidade de cicatrização de feridas. Estudos demonstraram que os atletas envolvidos em treinos intensos necessitam de ingerir cerca de 1,5-2,0 g de proteínas/kg/dia. Para manter o equilíbrio proteico, os atletas envolvidos em quantidades moderadas de treino intenso precisam de consumir 1,0-1,5 g/kg/dia, e os atletas com um volume elevado de treino intenso devem consumir 1,5-2,0 g/kg/dia. A investigação demonstrou que, em média, os atletas de resistência obtêm cerca de 14%

da sua energia diária a partir de proteínas, *ou seja,* um atleta de 70 kg com uma ingestão diária de energia de 3500 kcal consumiria pelo menos 120 g de proteínas todos os dias (Gibala, 2002). Apenas alguns estudos recomendam níveis de ingestão de proteínas tão elevados como 2 g/kg de peso corporal/dia.

A gordura é essencial para manter o equilíbrio energético e fornecer alimento durante o exercício de intensidade moderada. A recomendação geral é que 36-40% da ingestão diária de calorias do atleta deve ser proveniente de gordura. Durante o exercício prolongado, as reservas de gordura são fontes de combustível predominantes, os atletas de resistência bem treinados consomem gordura de forma mais eficiente, poupando as reservas limitadas de glicogénio. A ingestão de gordura deve ser adequada para fornecer ácidos gordos essenciais e vitaminas lipossolúveis, bem como para ajudar a obter energia adequada para a manutenção do peso.

As vitaminas e os minerais são essenciais para o metabolismo dos macronutrientes e ajudam um atleta a tolerar treinos pesados, reduzindo os danos oxidativos (vitamina E e C) e também a manter um sistema imunitário saudável durante treinos pesados (vitamina C). A Associação Médica Americana (2000) referiu que as vitaminas e os minerais têm pouco valor ergogénico ou que não há qualquer benefício da suplementação extra de vitaminas e minerais para desportistas que consomem uma dieta diária normal rica em nutrientes.

Deuster *et al.* (1986) avaliaram as necessidades nutricionais de 51 mulheres atletas envolvidas em desportos de resistência. Foram obtidos registos alimentares completos de 3 dias. A percentagem de calorias foi de 13%, 35% e 55% para proteínas, gorduras e hidratos de carbono, respetivamente. A ingestão média de calorias da maioria dos minerais foi superior à RD A.

Hickson *et al.* (1989) analisaram o efeito de um serviço de alimentação universitário em 17 atletas inter-universitários com idades compreendidas entre os 18 e os 22 anos e que estavam alojados dentro e fora do campus. Os indivíduos que se encontravam no campus obtinham mais energia dos hidratos de carbono do que os que se encontravam fora do campus (52% vs. 42% kcal). Este facto deve-se à seleção de mais produtos à base de cereais por parte dos indivíduos que permanecem no campus. A ingestão média de hidratos de carbono, magnésio e riboflavina dos indivíduos que se encontram no campus é significativamente superior à dos indivíduos que não se encontram no campus.

Lemon *et al.* (1992) estudaram as necessidades proteicas e a alteração da massa muscular/força em 12 culturistas principiantes [22,4 ± 2,4 anos] que receberam uma proteína isoenergética (2,62 g/kg/dia) ou CHO (1,35 g/kg/dia) durante 1 mês cada, durante um treino de musculação intensivo (5 horas/dia, 6 dias/semana). Com base nas medições do balanço de azoto de 3 dias (NBAL) após 3,5 semanas em cada tratamento (8,9 ± 4,2 e 3,4 ± 1,9 g/dia, respetivamente). A proteína necessária para zero NBAL (requisito) foi de 1,4-1,5 g/kg/dia. A ingestão recomendada foi de 1,6-1,7 g/kg/dia. Os dados indicam que, durante as fases iniciais do treino intensivo de musculação, as necessidades proteicas são aproximadamente 100 por cento superiores à DDR e que os aumentos de proteína de 1,35-2,62 g/kg/dia não aumentam a massa muscular ou o ganho de força durante o primeiro mês de treino.

Kavitha ***et al.*** **(2001)** estudaram a ingestão nutricional de 18 homens e 12 mulheres atletas treinados (16-20 anos). A ingestão média de energia, proteínas, gorduras e hidratos de carbono foi mais elevada nos atletas do sexo masculino (2972 ± 506 kcal, 90 ± 15 g, 125 ± 25 g e 338 ± 38 g) do que nos atletas do sexo feminino (2371 ± 484 kcal, 67 ± 16 g, 91 ± 28 g e 320 ±15 g, respetivamente). A ingestão de micronutrientes foi significativamente mais elevada nos atletas do sexo masculino do que nos do sexo feminino: a ingestão de riboflavina (50%), niacina (35%), retinol (40%), vitamina C (28%) e ferro (< 28%) foi menor do que a ingestão de tiamina e cálcio, que foi superior a 60%.

Colombani ***et aL*** **(2002)** estudaram o consumo nutricional de 12 corredores do sexo masculino durante uma corrida de ultra-resistência multi-desportiva de 244 km. O seu consumo de energia durante a corrida foi de 22,6 (12,4- 33,6) MJ e corresponde a 44% do seu gasto energético estimado. A ingestão de hidratos de carbono, líquidos líquidos e sódio líquido foi de 60 (36-90) g/hora. 0,8 (0,1-2,4) g/kg de massa corporal, 560 (310-790) ml/h e 3 (7-19) mmol/1, respetivamente.

Hassapidou ***et al.*** **(2003)** estudaram a ingestão alimentar de 15 jogadores de basquetebol gregos. A ingestão alimentar foi avaliada utilizando diários alimentares de 3 dias para cada época desportiva. O consumo médio de energia dos atletas diminuiu da época de transição (férias) para a época de treino e, durante a época de competição, a maioria dos atletas não estava em equilíbrio energético. A ingestão média de proteínas variou de 11% da ingestão de energia durante a época de transição para 16% durante a época de competição. Os hidratos de carbono forneciam 41-53% da ingestão de energia, enquanto a ingestão de gordura variava entre 32-48%, indicando uma dieta rica em gordura e pobre em hidratos de carbono. A ingestão alimentar variou entre os atletas, mas, em geral, estes tinham uma alimentação desequilibrada.

Kelkar ***et al.*** **(2006)** avaliaram a composição nutricional da dieta de 78 desportistas (18-25 anos) pertencentes a várias disciplinas desportivas, *nomeadamente* corredores (n=20), pugilistas (n=21), halterofilistas (n=21) e lutadores (n=15). A ingestão de corredores, pugilistas e halterofilistas obteve 55-60%, 12-15% e 20-30% de calorias provenientes de hidratos de carbono, proteínas e gorduras, respetivamente. E os lutadores obtiveram 34%, 155% e 49% das calorias provenientes de hidratos de carbono, proteínas e gorduras, respetivamente.

Deriemaker ***et aL*** **(2007)** estudaram a ingestão nutricional de 297 atletas (12 anos) através de um diário alimentar de 3 dias. 77% dos indivíduos tinham uma ingestão

calórica inferior à dose diária recomendada (DDR), enquanto 23% tinham uma ingestão superior à DDR.
A análise dos macronutrientes revelou, para todos os grupos, um baixo consumo de hidratos de carbono, um elevado consumo de gorduras e um consumo de proteínas próximo do limite superior da DDR.
Os estudos acima referidos sugerem que a ingestão nutricional de um atleta era específica do desporto e em termos da quantidade de energia total gasta por um indivíduo. Em alguns estudos, observou-se que a ingestão de macronutrientes pelos atletas era inferior à recomendação, o que constitui um dos factores mais prejudiciais que podem contribuir para uma fraca capacidade de resistência e um fraco desempenho desportivo. Assim, recomenda-se aos atletas que comam alimentos ricos em nutrientes, ricos em hidratos de carbono, que são uma fonte de energia rápida e eficiente e também essenciais para desenvolver uma boa capacidade de resistência, seguidos de proteínas e gorduras.

2.2 CAPACIDADE DE RESISTÊNCIA

A resistência, tal como a força, é uma capacidade muito importante, é uma capacidade contra a fadiga e permite que os desportistas realizem uma atividade desportiva eficazmente sem se cansarem e recuperem rapidamente. A ingestão nutricional e a capacidade de resistência dependem muito uma da outra, porque, para a produção de energia no músculo em exercício, um indivíduo necessita de uma quantidade adequada de reservas de glicogénio no músculo e de um fornecimento contínuo de oxigénio no corpo. Para esse mecanismo, um desportista precisa de desenvolver uma boa capacidade aeróbica V02max (um dos factores que mais influenciam a capacidade de resistência), que permite ao corpo maximizar a absorção de oxigénio e ajuda no fornecimento contínuo de oxigénio durante a produção de energia nos músculos em exercício. Por conseguinte, durante cargas de trabalho relativamente elevadas, a elevação das reservas de glicogénio hepático e muscular para aproximadamente o dobro do nível normal tem demonstrado melhorar o desempenho da resistência (Karlsson, 1971).

2.2.1 HIDRATOS DE CARBONO E CAPACIDADE DE RESISTÊNCIA

Costill *et al.* (1985) determinaram a utilização de glicogénio muscular durante o exercício prolongado em dias sucessivos. Cinco corredores moderadamente treinados correram 16,1 km a ~80% do consumo máximo de oxigénio (VO2max) em 3 dias consecutivos. Durante o período de estudo, os sujeitos consumiram uma dieta que continha 40-60% de hidratos de carbono, os sujeitos foram incapazes de ressintetizar completamente o glicogénio que foi utilizado durante o exercício em qualquer um dos dias, e a concentração de glicogénio muscular pré-exercício foi reduzida em 50% no 3º dia. Isto sugere que dias consecutivos de corrida intensa, com uma dieta que contém uma quantidade moderada de hidratos de carbono, podem diminuir seriamente as reservas de glicogénio muscular.

Stanko *et al.* (1990) determinaram se existe um aumento da resistência ao exercício da perna com uma dieta rica em hidratos de carbono e Di Hydroxyl Acetone and Pyruvate (DHAP) em 8 atletas treinados (20-30 anos). Durante 7 dias antes do exercício, foi consumida uma dieta rica em hidratos de carbono (70% CHO). Cem gramas de DHAP (tratamento) foram substituídos por uma porção de hidratos de carbono. Cada dieta foi separada por 7-14 dias. Após cada ciclo de dieta, foi efectuado um exercício ergo-metro até à exaustão. A diferença de glicose arteriovenosa na perna inteira foi maior para o DHAP do que para o placebo em repouso (0,36 + 0,05 vs. 0,19 + 0,07 mM) e após 30 minutos de exercício (1,06 + 0,14 vs. 0,65 + 0,1 mM), mas não diferiu na exaustão. A administração de DHAP durante 7 dias em conjugação com uma dieta rica em hidratos de carbono melhorou a capacidade de resistência ao exercício da perna, aumentando a extração de glicose pelo músculo.

Sherman *et aL* (1991) determinaram o efeito do consumo de duas quantidades diferentes de hidratos de carbono líquidos 1 hora antes do exercício sobre as respostas metabólicas durante o exercício e sobre o desempenho do exercício. Os sujeitos consumiram 1,1 g (baixo teor de hidratos de carbono) ou 2,2 g (alto teor de hidratos de carbono) por kg de peso corporal ou placebo (P). Os sujeitos pedalaram a 70% do V02max durante 90 minutos e foram submetidos a um teste de desempenho. As respostas da glucose no sangue e da insulina durante o exercício foram diferentes entre os 3 ensaios. No ensaio com hidratos de carbono totais, em comparação com o ensaio com placebo, o desempenho foi significativamente melhorado nos ensaios com baixo e alto teor de hidratos de carbono.

Williams *et al* (1992) examinaram a influência de uma dieta de hidratos de carbono no desempenho de corrida de 12 homens e 6 mulheres durante um contrarrelógio de 30 km em passadeira rolante, sem modificar a sua ingestão de alimentos (ensaio 1). Os corredores foram depois distribuídos aleatoriamente por um grupo de controlo ou de hidratos de carbono. O grupo dos hidratos de carbono suplementou a sua dieta com hidratos de carbono adicionais através de produtos de confeitaria, durante 7 dias antes da prova 2; o grupo de controlo igualou o aumento da ingestão de energia do grupo dos hidratos de carbono através do consumo adicional de gorduras e proteínas. A ingestão média de hidratos de carbono de ambos os grupos foi de 334 (22) g antes da prova 1, após o que o grupo dos hidratos de carbono consumiu 556 (29) g/dia durante os primeiros 3 dias e 452 (26) g/dia durante os restantes 4 dias de recuperação. Embora não tenha havido diferença global entre os tempos de desempenho dos dois grupos durante a prova 2, o grupo dos hidratos de carbono correu mais depressa durante os últimos 5 km da prova 2 do que durante a prova 1 [3,64 (0,24) m/s vs. 3,44 (0,26) m/s]. No entanto, os homens do grupo de controlo não registaram esta melhoria nos seus tempos. As concentrações de glicose no sangue de ambos os grupos diminuíram abaixo dos valores pré-exercício durante a prova 1, mas apenas o grupo de controlo teve uma diminuição nas concentrações de glicose no sangue durante a prova 2. Estes resultados confirmam que a carga de hidratos de carbono na dieta melhora o desempenho de resistência durante a corrida prolongada e que os produtos de confeitaria podem ser utilizados como um meio eficaz de suplementar a ingestão normal de hidratos de carbono na preparação para corridas de resistência.

Anderson *et aL* (1994) determinaram o consumo de um alimento com índice glicémico moderadamente elevado (IGH) de farinha de aveia (IG=77) no exercício até à fadiga em 9 ciclistas do sexo masculino, em comparação com a glicose (IG=100). Os sujeitos pedalaram durante 3 ensaios a 75-80% do VO2max. O tempo de resistência no ensaio com placebo (66 + 6min) não foi significativamente diferente do ensaio com farinha de aveia ou com placebo. O tempo médio de pedalada após o ensaio com farinha de aveia foi 13% superior ao tempo médio de pedalada após o consumo de placebo.

Andrews *et al* (2003) examinaram o efeito do aumento dos hidratos de carbono no desempenho de resistência e na utilização de substratos em mulheres com treino aeróbico. Oito mulheres treinadas para a resistência (20-40 anos) completaram uma corrida de 24,2 km (15 min) em tapete rolante com 3 condições. Suplementação de CHO (S), carga e suplementação de CHO (L+S) e placebo (P). Foi ingerida uma solução electrolítica com 6% de hidratos de carbono (S + L + S) ou (P) antes do exercício (6 ml/kg) e de 20 em 20 minutos durante o exercício (3 ml/kg). A glicose no sangue foi significativamente mais elevada em L + S, S e P. O glicogénio no sangue foi significativamente mais baixo durante L + S e S do que em P. Os tempos de desempenho foram 132,5 + 6,3min (S), 134,4 + 6,3 min (L + S) e 136,6 + 7,9 min (P). A proporção de utilização de CHO (%) foi significativamente maior durante L + S (71,3 + 3,8%) e S (67,3 + 4,3%) do que P (59,2 + 4,6%).

Saundrers *et* al (2004) estudaram os efeitos de uma bebida à base de hidratos de carbono e proteínas (CHO+P) na resistência do ciclismo e nos danos musculares. Quinze ciclistas do sexo masculino [VO2 pico = 52,6 + 10,3 ml (ponto médio) kg-l(ponto médio) min-1] percorreram um cicloergómetro a 75% do VO2 pico até à exaustão voluntária, seguido, 12-15 horas mais tarde, de uma segunda volta até à exaustão a 85% do VO2 pico. Os indivíduos consumiram 1,8 ml [ponto médio] kg-1 de peso corporal de uma bebida de hidratos de carbono (CHO) ou de CHO+P, selecionada aleatoriamente, a cada 15 minutos de exercício e 10 ml [ponto médio] kg-1 de peso corporal imediatamente após o exercício. As bebidas foram combinadas em termos de teor de hidratos de carbono, o que resultou num teor calórico total 20% inferior por administração de bebida CHO. Os sujeitos foram cegados para o tratamento com a bebida e repetiram o mesmo protocolo sete a 14 dias depois com a outra bebida. Na primeira prova (75% VO2 pico), os sujeitos pedalaram 29% mais tempo ($P < 0{,}05$) quando consumiram a bebida CHO + P (106,3 + 45,2 min) do que a bebida CHO (82,3 + 32,6 min). Na segunda prova (85% VO2 pico), os sujeitos efectuaram 40% mais tempo quando consumiram a bebida CHO + P (43,6 + 12,5 min) do que quando consumiram a bebida CHO (31,2 + 8,7 min). Não se registaram diferenças significativas nos níveis de exercício de [V maiúsculo com ponto por cima]O2, ventilação, frequência cardíaca, taxa de perceção de esforço, glicemia ou lactato sanguíneo entre os tratamentos em qualquer dos ensaios. Uma bebida de hidratos de carbono com calorias proteicas adicionais produziu melhorias significativas no tempo até à fadiga e reduções nos danos musculares em atletas de resistência.

2.2.2 PROTEÍNAS E CAPACIDADE DE RESISTÊNCIA

Estudos recentes revelaram que a adição de proteínas (PRO) a um suplemento de hidratos de carbono (CHO) pode prolongar ainda mais a duração do exercício sub-máximo Os suplementos desportivos CHO + PRO são sugeridos para melhorar a duração do exercício, aumentando a taxa de oxidação da glicose e a ressíntese do glicogénio muscular durante o exercício e também durante a recuperação.

Parry-Billing *et al.* (1990) descobriram que os alimentos à base de proteína de soja são uma boa fonte de aminoácidos como a leucina, a iso leucina, a valina e a glutamina, que são utilizados como fonte de energia durante o exercício. **Haussinger *et al.* (1994)** determinaram que a glutamina promove a síntese proteica e melhora a função imunitária e, no caso dos desportistas, ajuda a manter uma hidratação adequada nas células e amortece o ácido lático que se acumula durante o exercício. Estas funções da glutamina ajudam a apoiar o desempenho e a recuperação.

Husaini *et al.* (1998), do Centro de Investigação e Desenvolvimento da Nutrição, na Indonésia, demonstraram recentemente que os jovens jogadores de badminton de elite, de ambos os sexos, que receberam uma bebida rica em nutrientes à base de proteínas de soja, em comparação com uma bebida com hidratos de carbono para o grupo de controlo, melhoraram os níveis de VO2max e o estado do ferro no plasma. A maior melhoria no VO2max foi observada após quatro meses de consumo da bebida à base de proteína de soja, tendo-se registado também um aumento da força física e do desempenho. Foi também sugerido por Wagenmaker (1998) que um aumento da disponibilidade de aminoácidos durante o exercício, e em particular de glutamato, pode desempenhar um papel central no metabolismo energético do músculo em exercício através da expansão do ácido tricarboxílico (pool intermédio do ciclo de Krebs).

Tipton *et al.* (2001) administraram uma mistura de aminoácidos essenciais com hidratos de carbono a atletas antes e imediatamente após o exercício e 1 hora depois do exercício. Verificaram um aumento das taxas de absorção de aminoácidos pelo músculo quando o suplemento foi administrado antes do exercício; este aumento estava relacionado com o aumento do fornecimento de sangue ao músculo em consequência do exercício.

Koopmans *et al.* (2004) verificaram que a suplementação de CHO+PRO durante o exercício diminui a oxidação endógena das proteínas e aumenta a taxa de equilíbrio proteico. O aumento da disponibilidade de aminoácidos também ajuda a limitar a degradação da proteína muscular durante o exercício prolongado, atenuando assim os danos musculares (Saunders *et al.*, 2004).

Recentemente, um estudo referiu que o consumo de uma bebida com proteínas e CHO durante o exercício aumentava o desempenho em comparação com o consumo apenas de CHO (Saunders *et aL,* 2004). No estudo, o tempo de exercício até à fadiga foi medido em ciclistas treinados, utilizando um desenho aleatório de medidas repetidas em dupla ocultação. Na experiência, os sujeitos ingeriram uma solução de 7,75% de CHO numa ocasião e uma bebida que continha 7,75% de CHO mais um adicional de 1,94% de proteína noutra ocasião. Os sujeitos pedalaram a 85% do pico de V02max imediatamente após realizarem 3 horas de exercício de bicicleta padronizado. Foi relatado que a suplementação com CHO aumentou o tempo até à exaustão em comparação com o placebo (média: 19,7 vs. 12,7 min), e a ingestão de proteínas com CHO melhorou ainda mais o desempenho (26,9 min) em comparação com o CHO isolado e o placebo.

Assim, os estudos acima referidos permitem compreender que tanto os hidratos de carbono como as proteínas desempenham um papel importante na vida de um atleta para atingir o seu desempenho máximo. A ingestão de suplementos alimentares desportivos ricos em hidratos de carbono e proteínas é muito essencial para um atleta aumentar a sua eficiência durante o exercício, o seu desempenho desportivo e para uma recuperação mais rápida.

2.3 CONCEITOS DE SUPLEMENTOS DESPORTIVOS

Os suplementos desportivos são os alimentos altamente refinados, derivados de fontes naturais, que se apresentam numa variedade de formatos, incluindo pós, líquidos, cápsulas, comprimidos e barras de aperitivos.

Kristiansen (2005) referiu que, com base em mais de 450 estudantes universitários, tanto atletas como controlos, identificou o facto de mais de 90% do grupo consumir suplementos alimentares. Os homens consumiam normalmente bebidas e produtos desportivos, incluindo géis de hidratos de carbono, proteínas em pó e creatina, mais do que as mulheres.

Hawley *et* al (1997) sugerem que o desempenho de resistência é melhorado quando os atletas consomem uma quantidade substancial de suplemento de hidratos de carbono 1-2 horas antes do exercício. Os suplementos de hidratos de carbono mais adequados para a alimentação pré-exercício são as opções com baixo teor de gordura, baixo teor de fibras e baixo teor de proteínas, como os suplementos alimentares líquidos (Power Bar Protein Plus Powder Drink) ou as barras desportivas com hidratos de carbono (Power Bar Performance Bar), que são menos susceptíveis de causar perturbações gastrointestinais.

Hargreaves (2001) apresentou estratégias úteis para que os atletas consumam uma quantidade substancial de hidratos de carbono no lanche pré-evento e incluam alimentos de baixo índice glicémico (IG) na refeição pré-evento, tais como massa servida com molho de feijão, batatas cozidas, iogurte gordo ou magro, batido de fruta feito com leite ou iogurte, sandes de cereais integrais e papas de farinhas, pão de soja e de linhaça, cereais de pequeno-almoço de aveia e leite magro.

Moseley (2002) referiu que o consumo de suplementos de hidratos de carbono de baixo IG tem sido proposto como uma estratégia inteligente de pré-evento para provas de resistência. Pensa-se que os alimentos com baixo IG podem reduzir o aumento súbito dos níveis de glucose no sangue antes de uma prova e evitar a queda subsequente da glucose no sangue quando o exercício é iniciado. Para além disso, uma refeição de baixo IG pode fornecer um fornecimento contínuo de energia durante a sessão de exercício.

CAPÍTULO 3

MATERIAL E MÉTODOS

O presente estudo intitula-se "Avaliação do estado nutricional de lutadores masculinos e femininos do nível distrital 2010-2012". Os pormenores dos materiais e da metodologia empregues na realização do estudo são descritos neste capítulo.

3.1 SELECÇÃO DAS AMOSTRAS

O estudo foi realizado com 150 lutadores masculinos e 150 lutadores femininos de Punjab, pertencentes ao grupo etário dos 17-30 anos. As amostras foram selecionadas propositadamente para o estudo.

3.2 MÉTODOS:

Na era moderna, cada investigação científica deve ter um trabalho de investigação válido. Deve ser utilizada a metodologia correta que, em última análise, contribui para o êxito ou o fracasso do trabalho de investigação e fundamenta a validade do trabalho. Por conseguinte, é uma parte essencial de qualquer projeto. Inclui amostras, ferramentas utilizadas, método de procedimento empregue para recolher as informações necessárias, etc. Assim, deve ser devidamente planeado com cuidado para se obterem informações fiáveis e válidas para os resultados e conclusões autênticos.

3.2.11 MÉTODO DE ENTREVISTA

Foi estruturado um questionário pormenorizado para recolher as informações básicas e desportivas necessárias dos sujeitos. Os pormenores do questionário são apresentados a seguir.

3.2.12 INFORMAÇÕES GERAIS

As informações de carácter geral, como a idade, as habilitações literárias e a profissão, foram recolhidas através de um questionário estruturado e pré-testado, através do método de entrevista pessoal.

3.2.13 ACTIVIDADE DESPORTIVA

Foram recolhidas informações sobre as actividades desportivas, tais como a experiência no domínio do desporto, o nível de participação, as realizações no domínio e a prática.

3.2.4 ROTINA DIÁRIA

Foram recolhidas informações sobre o padrão de exercício de rotina, o período de repouso, as horas de sono e o interesse por outras actividades e passatempos.

3.2. 5HÁBITOS ALIMENTARES

Com a ajuda de um questionário, foram obtidas informações sobre os hábitos alimentares existentes, o padrão de consumo de água, o número de refeições ou bebidas consumidas por dia e os alimentos especiais, os alimentos consumidos e evitados para um desempenho desportivo ótimo e a frequência de consumo de diferentes tipos de alimentos.

3.3AVALIAÇÃO DO ESTADO NUTRICIONAL

O estado nutricional dos indivíduos foi avaliado através de um inquérito alimentar.

3.3.1.1 ÍNDICE DE MASSA CORPORAL (IMC)

Os dados antropométricos foram posteriormente utilizados para calcular o IMC, através da fórmula expressa como a razão entre o peso em kg e a altura em metros quadrados.

$$\text{BMI} = \frac{\text{Weight (kg)}}{(\text{Height})^2 \text{ mt}}$$

3.4 ANÁLISE ESTATÍSTICA:

As várias fórmulas estatísticas que foram utilizadas para a análise dos dados actuais são apresentadas do seguinte modo

1. Média aritmética ( )$\overline{X}$

A média aritmética é a média de toda a gama de dados obtida através da soma de todos os itens e da divisão deste total pelo número de itens, e é dada pela seguinte fórmula:

$$\overline{X} = \frac{\Sigma X}{N}$$

Onde

$\overline{X}$ = Média aritmética

XX = soma de todas as variáveis

N = Número total de todas as variáveis

2. Erro padrão (SE)

Permite medir a magnitude do erro de amostragem. É calculado pela seguinte fórmula:

$$\text{S.E.} = \sqrt{\frac{\text{SD}}{N}}$$

Onde

DP = Desvio Padrão

N = Número total de variáveis

3. Desvio padrão (DP)

Indica o grau de desvio ou dispersão dos dados registados em relação à média.

É dado pela fórmula:

$$SD = \sqrt{\frac{\Sigma (X - \overline{X})^2}{N}}$$

Onde

DP = Desvio Padrão

X = Variáveis individuais

$\overline{X}$ = Média das variáveis

CAPÍTULO 4

RESULTADOS EXPERIMENTAIS

O resultado do estudo realizado durante 2010-2012 sobre "Avaliação do estado nutricional de lutadores masculinos e femininos a nível distrital" é apresentado neste capítulo. Os resultados relacionados com o perfil demográfico, a história da dieta, a adequação dos nutrientes e dos alimentos e o perfil sensorial dos alimentos desportivos estão incluídos neste capítulo.

4.1 CARACTERÍSTICAS GERAIS DO LUTADOR MASCULINO

Tabela 4.1.1. Distribuição dos sujeitos de acordo com a idade (N=150)

SL. No	Particulars	Frequency	Percentage
1	AGE (years)		
Male Wrestlers	17-20	80	53.33
	21-25	60	40.00
	26-30	10	6.66
Female wrestlers	AGE (years)		
	17-20	90	60.00
	21-25	60	40.00
	26-30	0	

A Tabela 4.1.1. mostra que os 150 lutadores masculinos e 150 lutadores femininos estavam em diferentes faixas etárias, mais de metade dos lutadores (53,33%) estavam entre os 17-20 anos de idade, (40%) estavam entre os 21-25 anos e apenas (6%) entre os 26-30 anos de idade e nas mulheres também mais de metade dos controlos (60,00%) estavam entre os 17-20 anos de idade e apenas (40%) estavam entre os 21-25 anos.

Tabela 4.1.2. Informação sobre as actividades desportivas dos lutadores masculinos (N=150)

SL. No	Particulars	Frequency	Percentage
1	Since how long you have been in sports		
	2-4yrs	97	64.66
	4-6yrs	31	20.66
	6-8yrs	15	10
	8-10yrs	7	4.66
2	Level of participation		
	National	15	10
	State	20	13.33
	District	90	60
	University	25	16.66

A Tabela 4.1.2 mostra que a maioria dos jogadores (64,66%) estava no campo do desporto desde os 2-4 anos, seguidos de (20,66%) desde os 4-6 anos, mais (10%)

estavam em atividade desportiva desde os 6-8 anos e (4,66%) deles estavam neste campo desde os 8-10 anos.

A maioria dos lutadores (10%) tinha jogado jogos a nível nacional, enquanto que (13,33%) tinha jogado jogos a nível estatal, (60%) tinha jogado a nível distrital e (16,66%) tinha jogado até ao nível universitário.

Tabela 4.1.3. Informação sobre actividades desportivas das lutadoras (N=150)

SL. No	Particulars	Frequency	Percentage
1	Since how long you have been in sports 2-4yrs 4-6yrs 6-8yrs 8-10yrs	90 30 20 10	60 20 13.33 6.66
2	Level of participation National State District University	5 30 95 20	3.33 20 63.33 13.33

A Tabela 4.1.3 mostra que a maioria dos jogadores (60%) estava na área do desporto desde os 2-4 anos, seguidos de (20%) desde os 4-6 anos, (13,33%) desde os 6-8 anos e (6,66%) desde os 8-10 anos.

A maioria dos atletas (3,33%) tinha jogado jogos a nível nacional, enquanto (20%) dos atletas tinham jogado jogos a nível estatal, (63,33%) tinham jogado a nível distrital e (13,33%) tinham jogado até ao nível universitário.

Tabela 4.1.4. Tempo despendido pelos jogadores na prática do seu jogo (semanal) (N=300)

Practising game	Frequency	Percentage
Daily	150	50
Twice a week	45	15
Thrice a week	30	10
Every alternate day	75	25

A Tabela 4.1.4 mostra que 50% dos jogadores praticavam o seu jogo diariamente, 25 % praticavam em dias alternados, 15% praticavam duas vezes por semana e cerca de 10% praticavam três vezes por dia.

Tabela 4.1.5. Tempo despendido noutros jogos (N=300)

Time spent on other games	Frequency	Percentage
Twice a week	75	25
Once a week	180	60
Once a month	45	15

A Tabela 4.1.5 mostra que os lutadores estavam interessados noutros jogos e que 60% dos lutadores jogavam outros jogos uma vez por semana, 15% deles jogavam outros jogos uma vez por mês e 25% jogavam outros jogos duas vezes por semana.

4.1.6.1Informação sobre o exercício diário

Particulars	Period of practice (yrs)				Time spent/day (min)						Frequency/day			
	1-2		2-3		5-10		15-30		30-60		Morning		Evening	
	F	P	F	P	F	P	F	P	F	P	F	P	F	P
Warm-ups	0	0	150	100	105	70	45	30	-	-	150	100	150	100
Jogging	150	100	-	-	-	-	30	20	38	25	150	100	-	-
Push up	150	100	-	-			20	33.33	-	-	150	100	-	-
Stepping	150	100	-	-	18	30	10	16.67	-	-	150	100	150	100
Weight training	150	100	-	-			-	-	112	75	150	100	150	100

Os dados recolhidos sobre os hábitos de exercício de rotina são apresentados no quadro 4.1.6.

A Tabela 4.1.5. mostra que todos os 150 lutadores do sexo masculino realizavam exercícios como saltos, passos, sprints e jogging desde os 1-2 anos e a maioria (100%) deles praticava jogging desde os 1-2 anos. No entanto, todos os atletas praticavam poucos exercícios regulares de aquecimento desde os 2-3 anos. A maioria dos jogadores (70%) praticava exercícios de aquecimento durante 5-10 minutos por dia, seguidos de step (30%). A maior parte dos atletas (20%) praticava jogging durante 15-30 minutos por dia, seguido de step (16,67%), aquecimento (30%) e (33,33%) flexões, enquanto que cerca de (26,33%) praticavam jogging e (75%) dos lutadores realizavam treino com pesos durante 30-60 minutos por dia. Todos os lutadores praticavam exercícios de aquecimento, step e sprints tanto de manhã como à noite, e 100% dos lutadores praticavam jogging e saltos apenas de manhã e não à noite.

4.1.6 Informações sobre o exercício diário

Particulars	Period of practice (yrs)				Time spent/day (min)						Frequency/day			
	1-2		2-3		5-10		15-30		30-60		Morning		Evening	
	F	P	F	P	F	P	F	P	F	P	F	P	F	P
Warm-ups	0	0	150	100	90	60	60	40	-	-	150	100	150	100
Jogging	150	100	-	-	-	-	30	20	38	25	150	100	-	-

Push up	60	40	-	-			20	33.33	-	-	150	100	-	-
Stepping	150	100	-	-	18	30	10	16.67	-	-	150	100	150	100
Weight training	150	100	-	-			-	-	112	75	150	100	150	100

Os dados recolhidos sobre os hábitos de exercício de rotina são apresentados no quadro 4.1.6.

A Tabela 4.1.5 mostra que todas as 150 lutadoras praticavam exercícios como saltos, passos, sprints e jogging desde os 1-2 anos e a maioria (100%) delas praticava jogging desde os 1-2 anos. Enquanto que, poucos exercícios regulares de aquecimento eram praticados por todas as lutadoras desde os 2-3 anos. A maioria dos jogadores (60%) praticava exercícios de aquecimento durante 5-10 minutos por dia, seguidos de passos (30%).

A maior parte das lutadoras (20%) praticava jogging durante 15-30 minutos por dia, seguido de step (16,67%), aquecimento (30%) e (%) flexões, e cerca de (26,33%) dos atletas praticavam jogging e (75%) realizavam treino com pesos durante 30-60 minutos por dia. Todas as lutadoras praticavam aquecimento, step e sprints tanto de manhã como à noite, e 100% das lutadoras praticavam jogging e saltos apenas de manhã e não à noite.

4.1.6 Tempo despendido para dormir

Quadro 4.1. 6. Duração do sono por dia (N=150)

Night time			Day time		
Time (hour)	Frequency	Percentage	Time (hour)	Frequency	Percentage
5-6 6-8 8-10	12 37 11	20 61.66 18.33	1-2 2-3 0	15 25 20	25 41.66 33.33

Os resultados relativos ao tempo despendido a dormir são apresentados na Tabela 4.1.6. À noite, quase (61,66%) dos jogadores dormiam 6-8 horas, cerca de (20%) dormiam 5-6 horas e poucos (18,33%) dormiam 8-10 horas. Ao meio-dia, a maioria (25%) dos jogadores descansava durante 1-2 horas e (41,66%) descansava durante 2-3 horas e (33,33%) não tinha o hábito de dormir durante o dia.

4.2 INFORMAÇÕES SOBRE HÁBITOS ALIMENTARES

4.2.1 Distribuição dos atletas e dos controlos segundo o tipo de alimentação ingerida (N=150 lutadores masculinos, 150 lutadoras femininas)

Particulars	Vegetarian		Non-vegetarian		Ova-vegetarian		Lacto-vegetarian	
	F	P	F	P	F	P	F	P
Male wrestlers	30	20	107	71.66	11	6.67	2	1.66
Female wrestlers	45	30	81	53.33	12	8.33	12	8.33

É claro na tabela 4.2.1 que os lutadores masculinos (20%) eram vegetarianos e cerca de (71.66%) eram não-vegetarianos, (6.67%) eram ovovegetarianos e (1.66%) eram lacto-vegetarianos enquanto que, nas lutadoras femininas (30%) eram vegetarianas, (53.33%) eram não-vegetarianas, (8.33%) eram ovovegetarianas e (8.33%) eram lacto-vegetarianas. A diferença é P < 0,025.

4.2. 2Distribuição dos lutadores do sexo masculino e feminino de acordo com o seu consumo de bebidas matinais. (N=150 homens, 150 mulheres)

Morning beverages	Tea		Coffee		Milk		Juice	
	F	P	F	P	F	P	F	P
Male	42	28.33	7	5	75	50	26	16.66
Female	63	41.66	30	20	50	33.33	7	5

No of cups per day	1-2		2-4		4-6	
	F	P	F	P	F	P
Male	100	66.66	38	25	12	8.33
Female	90	60	50	33.33	10	6.66

É evidente na tabela 4.2.2. que (50%) dos lutadores do sexo masculino preferem leite como bebida matinal e (28.33%) preferem tomar chá de manhã, (16.66%) preferem sumo como bebida matinal e (5%) preferem café como bebida matinal e cerca de (66.66%) bebem bebida matinal 1-2 vezes por dia, (25%) dos lutadores do sexo masculino tomam bebidas 2-4 chávenas por dia e (8.33%) deles preferiam tomar bebidas 4-6 chávenas por dia, enquanto que nas lutadoras (33,33%) preferiam leite como bebida matinal, (41,66%) preferiam chá como bebida matinal, (20%) preferiam café e (5%) preferiam sumo como bebida matinal e cerca de (60%) tomavam bebidas 1-2 chávenas por dia, (33,33%) tomavam bebidas 2-4 chávenas por dia e (6,66%) tomavam bebidas 4-6 chávenas por dia. A diferença foi de P > 0,05 nas bebidas matinais e nas chávenas tomadas por dia foi de P > 0,05.

4.4.3 Distribuição dos lutadores masculinos e femininos de acordo com as refeições perdidas num dia e a frequência com que as perdem (semanalmente)

(N=150 lutadores masculinos, 150 lutadoras femininas)

Particulars (meals missed)	Male wrestlers		Female wrestlers	
	F	P	F	P
Breakfast	7	5	35	23.33
Mid-day	26	16.66	51	33.33
Lunch	0	0	25	16.67
Dinner	7	5	7	5
No	110	73.33	32	21.66

Meals often missed (Weekly)	male wrestlers		female wrestlers	
	F	P	F	P
Daily	12	8.33	57	38.33
Once a week	70	46.66	70	46.66
Twice a week	25	16.66	12	8.33
Thrice a week	20	13.33	5	3.33
No	23	15	5	3.33

A tabela 4.4.3 mostra claramente que (16,66%) dos lutadores do sexo masculino não tomavam a refeição do meio-dia, nenhum deles não almoçava, (73,33%) dos lutadores do sexo masculino nunca faltavam a nenhuma refeição, (5%) dos lutadores do sexo masculino não tomavam o pequeno-almoço e (5%) não jantavam, (8.33%) faltavam diariamente, (16,66%) faltavam duas vezes por semana, (46,66%) faltavam uma vez por semana, (13,33%) faltavam à refeição três vezes por semana (15%) não faltavam a nenhuma refeição e, enquanto que, nas lutadoras (33.33%) faltavam à refeição do meio-dia, (21,66%) do grupo de lutadoras nunca faltavam a nenhuma refeição, (23,33%) do grupo de lutadoras faltavam ao pequeno-almoço, (16,67%) faltavam ao almoço e (5%) faltavam ao jantar e (38,33%) faltavam diariamente, (8,33%) faltavam duas vezes por semana, (3,33%) faltavam três vezes por semana e (46,66%) faltavam uma vez por semana, (3,33%) não faltavam a nenhuma refeição. A diferença foi de P > 0,05 nas refeições frequentemente não servidas e a diferença nas refeições não servidas foi de P< .001.

4.4.4 . Alimentos especiais consumidos pelos atletas (N=150 lutadores masculinos)

Particulars (Special foods)		
	F	P
Milk products	88	58.33
Dry fruits	25	16.66
Fruits	32	21.66
Not taking any	5	3.33

Os alimentos especiais consumidos pelos lutadores são apresentados na tabela 4.4.4. A maioria dos jogadores prefere os produtos lácteos como alimento especial para o desporto (58,33%) dos atletas tomavam produtos lácteos como alimento especial, (21,66%) dos atletas preferiam frutas como alimento especial, (16,66%) dos atletas preferiam frutos secos como alimento especial e (3,33%) dos atletas não tomavam qualquer alimento especial.

Particulars (Special foods)	Female wrestlers	
	F	P
Milk products	78	52
Dry fruits	41	27.33
Fruits	29	19.33
Not taking any	2	1.33

Os alimentos especiais consumidos pelas lutadoras são apresentados na tabela 4.4.4. A maioria das jogadoras prefere produtos lácteos como alimento especial para o desporto (52%) das atletas tomavam produtos lácteos como alimento especial, (19,33%) das atletas preferiam frutas como alimento especial, (27,33%) das atletas preferiam frutos secos como alimento especial e (1,33%) das atletas não tomavam qualquer alimento especial.

4.4.5 Alimentos consumidos durante o evento (N=150 lutadores do sexo masculino)

Foods	Before event		During event		After event	
	F	P	F	P	F	P
Sandwich	18	11.66	-	-	5	3.33
Biscuits	5	3.33	-	-	-	
Chocolates	2	1.66	5	3.33	8	5
Banana	17	11.66	8	5	50	33.33
Boiled potato	2	1.66	-	-	-	
Lassi	5	3.33	-	-	-	
Milk shake	18	11.66	-	-	25	16.66
Glucose	22	15	60	40	10	6.66
Fruit juice	54	35	45	30	37	25
Electrolytes	-		20	13.33	5	3.33
Coconut water	-		-		-	
Heavy meals	-		-		10	6.66
Nothing	7	5	12	8.33	-	-

Verifica-se na tabela 4.4.5. que (35%) dos lutadores do sexo masculino consumiram sumo de fruta antes do início do evento e cerca de (1,66%) dos atletas consumiram chocolates, seguidos de sandes (11,66%), glucose (9%), banana (11,66%), bolachas (3,33%), batata cozida (1,66%), lassi (3,33%), batido de leite (11,66%) e (5%) deles não consumiram nada antes do início do evento.

Durante os eventos, (40%) dos lutadores do sexo masculino consumiram glucose, seguido de sumo de fruta (30%), eletrólito (13,33%), chocolate (3,33%), banana (5%) e (8,33%) não consumiram nada durante os eventos.

Após os eventos, (25%) dos lutadores do sexo masculino consomem sumo de fruta, banana (33,33%), (6,33%) refeições pesadas são consumidas poucas horas depois de terminado o jogo, (16,66%) batidos de leite, (3,33%) sanduíches, (3,33%) electrólitos, (5%) chocolates, (6,66%) glucose.

4.4.6 Alimentos consumidos durante o evento (N=150 lutadoras)

Foods	Before event		During event		After event	
	F	P	F	P	F	P
Sandwich	14	9.33	-	-	5	3.33
Biscuits	5	3.33	-	-	-	
Chocolates	2	1.33	5	3.33	8	5
Banana	15	10	8	5	50	33.33
Boiled potato	2	1.33	-	-	-	
Lassi	4	2.66	-	-	-	
Milk shake	18	12	-	-	25	16.66
Glucose	27	17	60	40	10	6.66
Fruit juice	58	38.33	45	30	37	25
Electrolytes	-		20	13.33	5	3.33
Coconut water	-		-		-	
Heavy meals	-		-		10	6.66
Nothing	7	4.66	12	8.33	-	-

Verifica-se na tabela 4.4.5. que (38%) das lutadoras consumiram sumo de fruta antes do início do evento e cerca de (1,33%) das atletas consumiram chocolates, seguidos de sanduíche (9,33%), glucose (17%), banana (10%), bolachas (3,33%), batata cozida (1,33%), lassi (2,66%), batido de leite (12%) e (4,66%) delas não consumiram nada antes do início do evento.

Durante os eventos, (40%) das lutadoras consumiram glicose, seguida de sumo de fruta (30%), eletrólito (13,33%), chocolate (3,33%), banana (5%) e (8,33%) delas não consumiram nada durante os eventos.

Após os eventos, (25%) das lutadoras consomem sumo de fruta, banana (33,33%), (6,33%) refeições pesadas são consumidas poucas horas depois de terminado o jogo, (16,66%) batidos de leite, (3,33%) sanduíches, (3,33%) electrólitos, (5%) chocolates, (6,66%) glucose.

4.4.6 Alimentos evitados

Tabela 4.4.6. Alimentos evitados durante o evento (N=300)

Foods	Before event		During event		After event	
	F	P	F	P	F	P
Heavy meals	115	38.33	120	40	105	35
Fried foods	50	16.66	35	11.66	40	13.33
Spicy foods	45	15	40	13.33	35	11.66
Rice	10	3.33	-		-	
Egg	-	-	-	-	-	-
Non vegetarian foods	20	6.66	35	11.66	50	16.66
Junk foods	25	8.33	40	13.33	10	3.33
Milk	10	3.33	10	3.33	30	10
Ice water	25	8.33	-		14	6.66
Soft drinks (carbonated)	-		20	6.66	10	3.33

Os alimentos evitados pelos lutadores durante o evento estão listados na tabela 4.4.6. Antes do evento (38,33%) das refeições pesadas foram evitadas pelos lutadores antes do evento, (16,66%) de alimentos fritos foram evitados seguido por (6,66%) evitaram alimentos não-vegetarianos, (15%) evitaram alimentos picantes, (8,33%) evitaram junk foods (3,33%) evitaram leite, (8,33%) dos lutadores evitaram água gelada, (3,33%) evitaram arroz e os lutadores não tomaram ovo e refrigerante antes do evento.

Durante os eventos (40%) dos lutadores evitaram refeições pesadas, seguidas de alimentos fritos (11,66%), alimentos condimentados (13,33%), junk food (13,33%), refrigerantes (6,66%), alimentos não vegetarianos (11,66%), leite (3,33%) e os lutadores não tomaram ovo de arroz e água gelada durante o evento.

Após os eventos (35%) dos lutadores evitaram refeições pesadas imediatamente após os eventos, seguidas de alimentos fritos (13,33%), alimentos picantes (11,66%), alimentos não vegetarianos (16,66%), água gelada (6,66%), leite (10%), comida de plástico (3,33%) e refrigerantes (3,33%). Os lutadores não ingeriram ovo e arroz após os eventos.

4.4.7 Consumo de água

Tabela 4.4.7. Informação sobre o consumo de água (N=300)

Quantity (ml)	Before event		During event		After event	
	F	P	F	P	F	P
50-100	100	33.33	-	-	-	-
100-150	200	66.66	-	-	-	-
150-200	-	-	180	60	-	-
200-250	-	-	120	40	-	-
500	-	-	-	-	135	45
1000	-	-	-	-	165	55

É evidente na tabela 4.4.7. que, antes do início do evento (66.66%) dos lutadores preferiram beber 100-150ml de água e (33.33%) deles preferiram beber 50-100ml de água. Durante o evento, cerca de 60% dos lutadores preferiram beber 150-200ml de água e 40% preferiram beber 200-250ml de água. Após o evento, (55%) dos lutadores preferiram beber 1000ml de água e (45%) dos lutadores preferiram beber 500 ml de água após o evento.

4.3 ESTADO NUTRICIONAL DOS LUTADORES

Com base na antropometria

Quadro 4.3.1

Variables	Wrestler males		Wrestler female		T –value
	Mean	S.D	Mean	S.D	
Height	160.31	5.23	158.96	4.54	1.950*
weight	65.24	6.71	55.70	5.49	0.530
BMI	23.83	2.62	22.11	2.75	0.730
Waist circumference	75.02	5.01	74.62	4.71	0.58
Hip circumference	83.45	7.17	89.90	7.14	6.4**
Waist to hip ratio	0.89	0.047	0.827	0.048	9.534**

*Significativo ao nível .05, **Significativo ao nível .001

As medidas antropométricas médias dos grupos de lutadores masculinos e femininos estão representadas em 4.3.1. Os lutadores masculinos têm valores médios mais elevados em altura (160,31cm), perímetro da cintura (75,02 cm) e relação cintura/quadril (0,89) e valores médios mais baixos em peso (65,24 kg), IMC (23.83 kg/m), perímetro da anca (83,45 cm) do que as lutadoras femininas (158,96 cm, 74,62 cm, 827, 55,70 kg, 22,11 kg/m^2 , 89,90 cm, respetivamente), mostrando diferenças estatisticamente significativas ($p<.05$ - .001) entre elas.

Quadro 4.3.2

Variables	Wrestlers male		Wrestlers female		T -value
	Mean	S.D	Mean	S.D	
Energy	2006.53	209.13	1999.03	1704.25	0.044
Protein	69.91	11.38	65.81	12.03	2.478*
Carbohydrates	266.56	58.57	235.34	37.42	4.496**
Fat	104.83	141.08	64.22	9.11	2.873*
Fibre	18.19	3.68	16.08	2.60	4.700**
Calcium	1012.10	213.74	937.27	234.80	2.357*
Iron	34.87	6.51	34.43	6.08	0.485
Carotene	1492.9	1608.96	1076.10	1300.52	2.015*
Retinol	315.3	411.51	218.2	346.7	1.805
Thiamine	1.64	0.2704	1.45	0.3105	4.571**
Riboflavin	1.53	0.3074	1.45	0.195	2.146*
Niacin	13.82	2.23	11.9	3.13	5.036**
Vitamin C	95.64	38.5	74.76	18.78	4.878**
Sodium	396.16	81.07	389.84	56.63	0.640
Potassium	2454.3	853.3	2185.7	317.3	2.950*

*Significativo ao nível .05, **Significativo ao nível .001

Valor médio do consumo de energia dos lutadores do sexo masculino e feminino

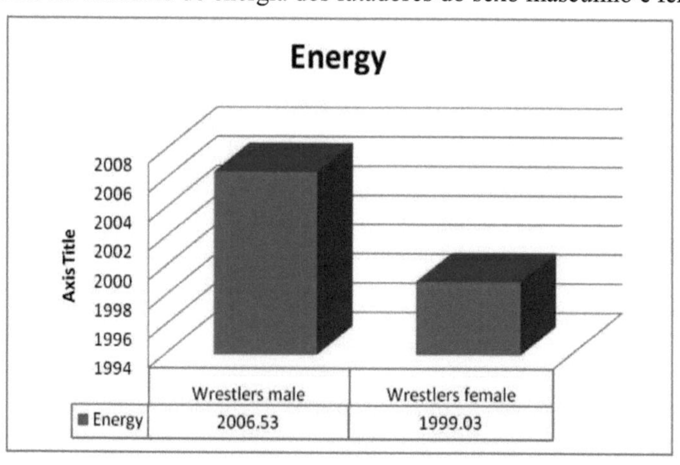

Valor médio do consumo de proteínas dos lutadores masculinos e femininos

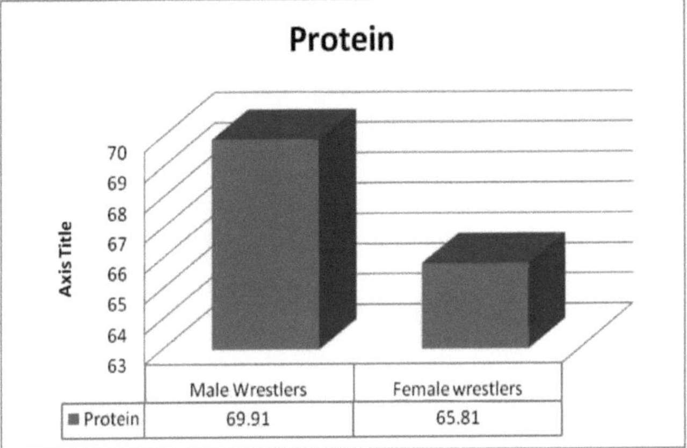

Valor médio da ingestão de hidratos de carbono dos lutadores do sexo masculino e feminino

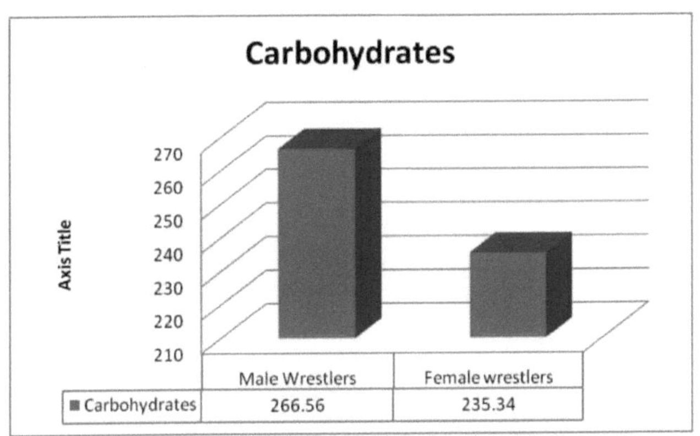

Valor médio da ingestão de gorduras dos lutadores do sexo masculino e feminino

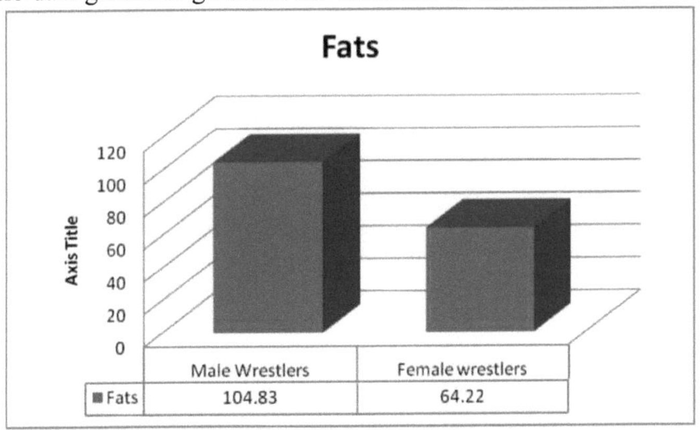

Valor médio da ingestão de cálcio dos lutadores masculinos e femininos

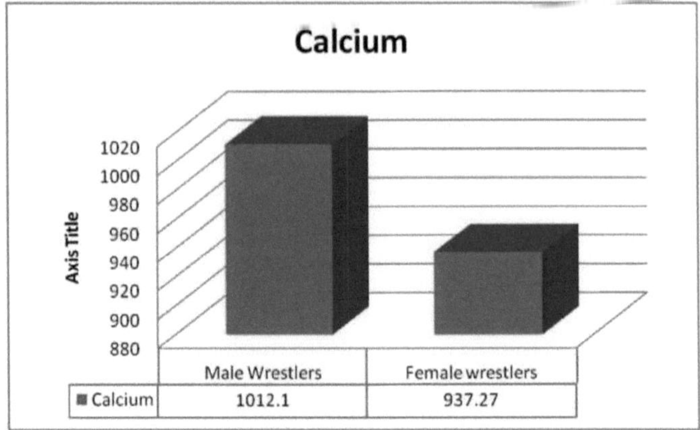

Valor médio da ingestão de ferro dos lutadores masculinos e femininos

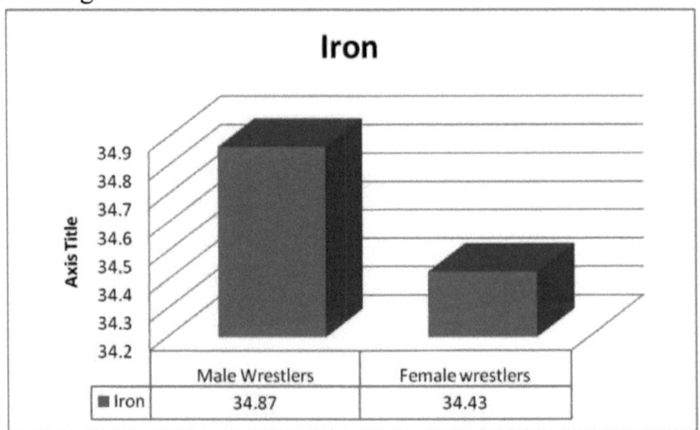

Valor médio da ingestão de caroteno dos lutadores masculinos e femininos

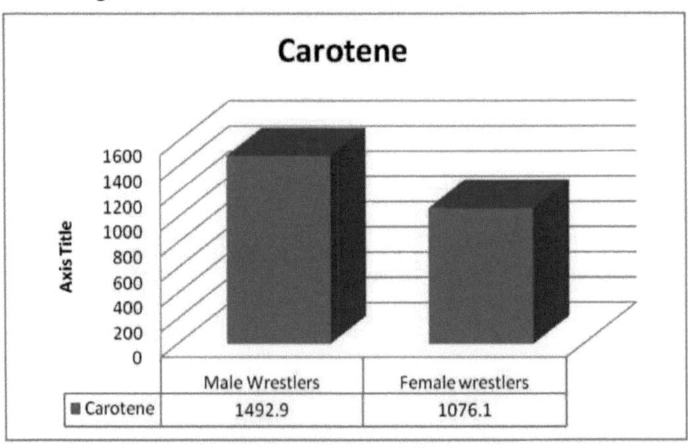

Valor médio da ingestão de tiamina dos lutadores masculinos e femininos

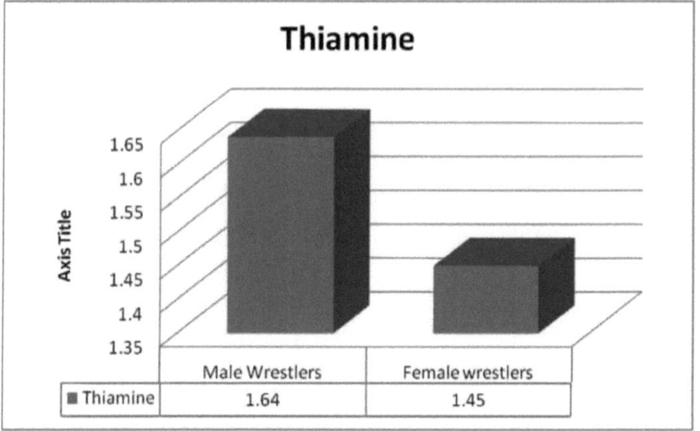

Valor médio da ingestão de riboflavina dos lutadores masculinos e femininos

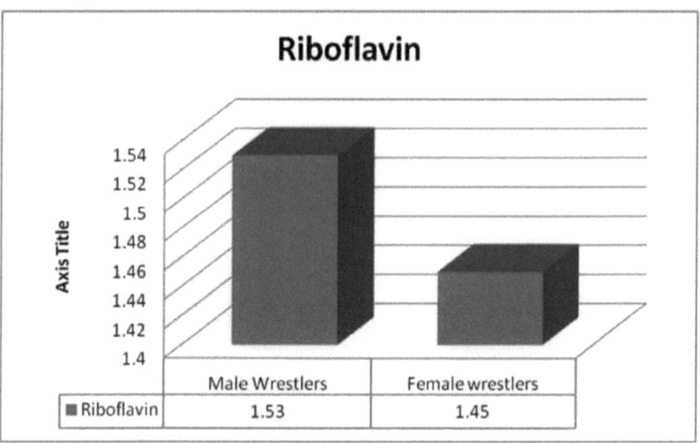

Valor médio da ingestão de niacina dos lutadores masculinos e femininos

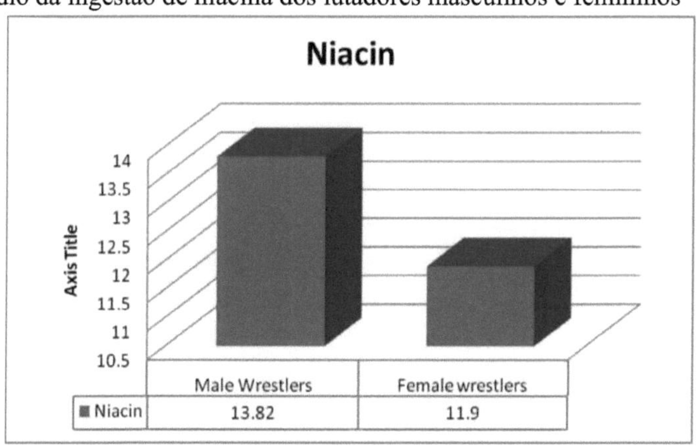

Valor médio da ingestão de ácido ascórbico dos lutadores masculinos e femininos

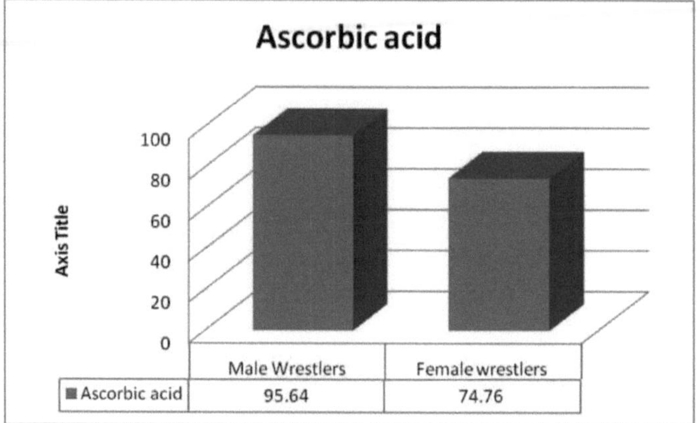

Valor médio da ingestão de sódio dos lutadores masculinos e femininos

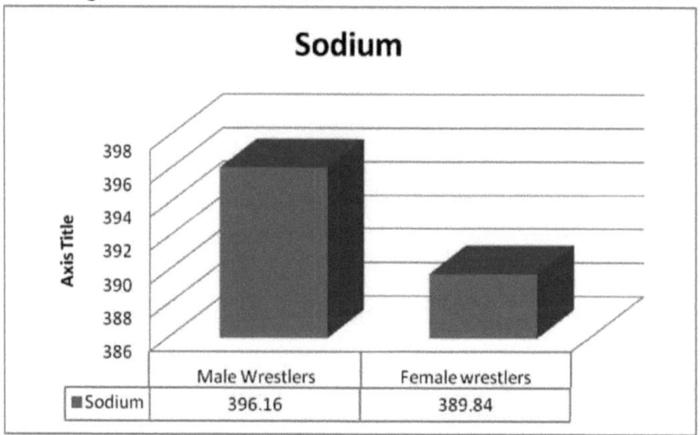

Valor médio da ingestão de potássio dos lutadores masculinos e femininos

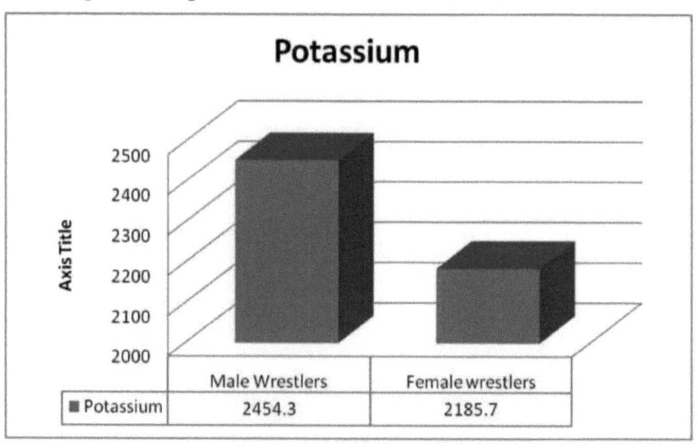

A ingestão média de nutrientes dos grupos de lutadores masculinos e femininos é apresentada em 4.3.2. Os lutadores masculinos têm valores médios mais elevados de energia (2006,53kcal/d), proteína (69,91g/d), hidratos de carbono (266,56g/d), gordura (104,83g/d), fibra (18,19), cálcio (1012,10mg/d), ferro (34,87mg/d), caroteno (1492.96), retinol (315,3pg/d), tiamina (1,64mg), riboflavina (1,53mg), niacina (13,82mg), vitamina C (95,64mg/d), sódio (396,16) e potássio (2454,3mg/d) do que as lutadoras (energia 1999.03kcal/d, proteína 65.81g/d, hidratos de carbono 235.34g/d, gordura 64.22g/d, fibra 16.08, cálcio 937.27mg/d, ferro 34.43mg/d, caroteno 1076.10, retinol 218.2pg/d, tiamina 1.45mg, riboflavina 1.45mg, niacina 11.9mg, vitamina C 74.76mg/d, sódio 389.84 e potássio 2185.7 respetivamente) mostrando diferenças estatisticamente significativas (p<.05 - .001) entre eles.

Quadro 4.3.3 Frequência alimentar

Particulars	Daily		Weekly twice		Weekly once		fortnightly		Once a month		Occasionally		Never	
	F	P	F	P	F	P	F	P	F	P	F	P	F	P
Cereals	150	100	-	-	-	-	-	-	-	-	-	-	-	-
Pulses	128	85	22	15	-	-	-	-	-	-	-	-	-	-
Oil seeds	26	17	9	6	31	21	10	7	28	19	17	11	28	19
Milk	141	94	5	3	5	3	-	-	-	-	-	-	-	-
Curds/butter milk	137	91	5	3	5	3	-	-	4	3	-	-	-	-
Cheese	18	12	60	40	57	38	6	4	3	2	6	4	-	-
Egg	-	-	21	14	10	7	-	-	5	3	3	2	111	74
Chicken	-	-	1	1	18	12	1	1	9	6	5	3	115	77
Fish	-	-	1	1	5	3	3	2	13	9	8	5	120	80
Mutton	-	-	-	-	3	2	-	-	17	11	8	5	123	82
Green leafy vegetable	56	37	81	54	13	9	-	-	-	-	-	-	-	-
Other vegetables	150	100	-	-	-	-	-	-	-	-	-	-	-	-
Fruits	76	51	54	36	15	10	-	-	5	3	-	-	-	-
Butter	111	74	25	17	5	3	-	-	8	5	1	1	-	-
Ghee	57	38	46	30	18	12	9	6	10	7	-	-	10	7
Cooking oil	119	79	3	2	-	-	-	-	5	3	-	-	24	16
Sugar	150	100	-	-	-	-	-	-	-	-	-	-	-	-
Jaggery	-	-	8	5	16	11	20	13	45	30	21	14	40	27

Bakery products	15	10	30	20	36	24	30	18	13	11	19	13	6	4
Pizza	-	-		-	27	18	13	9	45	30	45	30	20	13
Burger	-	-	8	5	27	18	15	10	46	31	45	30	9	6
Noodles	-	-	19	13	47	31	12	8	40	27	32	21	-	-
Street	-	-	24	16	61	41	20	13	27	18	9	6	9	6
foods *														
Ice creams	-	-	24	16	34	23	6	4	26	17	57	38	3	2
Chocolate s	-	-	58	39	47	31	37	25	12	8	13	9	-	-
Sweets	-	-	48	32	30	20	-	-	24	16	48	32	-	-
Soft drinks	-	-	40	27	56	37	4	3	13	9	23	15	13	9

A frequência do consumo de comida pelos lutadores do sexo masculino é apresentada na Tabela 16. Todos os 150 lutadores do sexo masculino consumiam cereais diariamente, seguidos de (85%) lutadores do sexo masculino que consumiam leguminosas diariamente, (17%) dos lutadores do sexo masculino consumiam sementes oleaginosas diariamente, seguidos de (94%) bebiam leite, (91%) consumiam coalhada, (12%) consumiam queijo, (37%) consomem legumes de folha verde, (100%) consomem legumes verdes, (51%) consomem fruta, (74%) consomem manteiga, (38%) consomem ghee, (79%) consomem óleo alimentar, (100%) consomem açúcar e (10%) dos lutadores do sexo masculino consomem produtos de padaria diariamente. 15% dos lutadores do sexo masculino consomem leguminosas duas vezes por semana, seguidos de (6%) que consomem sementes oleaginosas, (3%) que consomem leite, (3%) que consomem coalhada, (40%) que consomem queijo, (14%) que consomem ovos, (1%) que consomem frango, peixe (1%), legumes de folha verde (54%), frutas (36%), manteiga (17%), ghee (30%), óleo de cozinha (2%), açúcar de cana (5%), produtos de padaria (18%), hambúrguer (5%), massa (13%), comida de rua (16%), gelado (16%), chocolates (39%), doces (32%) e refrigerantes (27%). Os lutadores do sexo masculino consumiam sementes oleaginosas (21%) uma vez por semana, seguidas de leite (3%), requeijão (3%), queijo (38%), ovos (7%), frango (12%), peixe (3%), carneiro (2%), legumes de folha verde (9%), frutos (10%), Manteiga (3%), ghee (12%), jaggery (11%), produtos de padaria (24%), pizza (18%), hambúrguer (18%), macarrão (31%), comida de rua (41%), gelado (23%), chocolates (31%), doces (20%) e refrigerantes (37%). Os lutadores do sexo masculino que consomem sementes oleaginosas (7%) consomem quinzenalmente, seguidos de queijo (4%), frango (1%), peixe (2%), ghee (6%), açúcar de cana (13%), produtos de padaria (20%), pizza (9%), hambúrguer (10%), massa (8%), comida de rua (13%), gelado (4%), chocolates (2%) e refrigerantes (3%). As sementes oleaginosas (19%) dos lutadores do sexo masculino são consumidas uma vez por mês, seguidas de requeijão (3%), queijo (2%), ovo (3%), frango (6%), peixe (9%), carneiro (11%), frutos (3%), manteiga (5%), ghee (7%), óleo alimentar (3%), (30%), produtos de padaria (11%), pizza (30%), hambúrguer (31%), macarrão (27%), comida de rua (18%), gelado (17%), chocolates (19%), doces (16%) e refrigerantes (9%) que os lutadores do sexo masculino consumiam. Os lutadores do sexo masculino consumiam ocasionalmente sementes oleaginosas (11%), seguidas de queijo (4%), ovo (2%), galinha (3%), peixe (5%), carneiro (5%), manteiga (1%), açúcar de vaca (14%), produtos de padaria (13%), pizza (30%), hambúrguer (30%), massa (21%), comida de rua (6%), gelado (38%), chocolates (9%), doces (32%) e refrigerantes (15%). Sementes oleaginosas (19%) dos lutadores do sexo masculino, ovos (74%) dos lutadores do sexo masculino e frango (77%), peixe (80%), carneiro (82%), ghee (7%), óleo de cozinha (16%), açúcar de vaca (27%), produtos de padaria (4%), pizza (13%), hambúrguer (6%), comida de rua (6%), gelado (2%) e refrigerante (9%) dos lutadores do sexo masculino consomem todos estes produtos alimentares.

CAPÍTULO 5

DISCUSSÃO

Os resultados do presente estudo "Avaliação do estado nutricional de lutadores masculinos e femininos a nível distrital" são discutidos neste capítulo.

A Índia tem um talento sólido em todos os desportos, tem talento para praticar desporto a nível regional em tenra idade, tem também boas infra-estruturas, mas continua a ser considerada como 1 ou 2 entre 8 nações nos Jogos Olímpicos. Países como a China, o Japão, a Austrália e a África do Sul são quase líderes na maioria dos desportos. A principal razão pela qual a Índia não tem sido capaz de se sair bem é atribuída a vários factores, o principal é que os indianos, como raça, são fisicamente de baixa estatura, acima de tudo, devido a problemas de má nutrição e hereditariedade, não conseguem atingir os seus níveis potenciais, quando comparados com lutadores de outras nações. Este facto foi ainda agravado pelo mau estado nutricional dos lutadores indianos.

Por conseguinte, é necessário estudar o estado nutricional destes lutadores e fornecer-lhes uma dieta rica em nutrientes e suplementos com orientação adequada para a sua utilização, a fim de aumentar a sua capacidade de resistência e, assim, melhorar o seu desempenho desportivo.

5.1 ESTADO NUTRICIONAL DOS LUTADORES

O estado nutricional de 150 lutadores masculinos e 150 lutadores femininos foi avaliado em termos de antropometria e a ingestão alimentar foi discutida como se segue. Os nossos lutadores indianos enfrentam várias barreiras para atingirem um bom estado nutricional, principalmente devido aos hábitos alimentares vegetarianos e à base de cereais, quando comparados com os hábitos alimentares não vegetarianos de outros países ocidentais. Outras razões podem ser o aumento do preço dos alimentos, dos tónicos, dos suplementos desportivos e dos medicamentos e também devido à falta de conhecimentos sobre nutrição, ao extremismo alimentar, às fracas competências práticas na escolha ou preparação de refeições, os atletas estão atrasados na construção de um bom estado nutricional. Os lutadores com um estado nutricional inferior ao ótimo resultam numa diminuição da capacidade de resistência e, consequentemente, comprometem o seu desempenho físico. Todos os lutadores do presente estudo tinham hábitos alimentares vegetarianos, e apenas alguns tinham uma dieta não vegetariana, mas não consumiam alimentos não vegetarianos regularmente, a sua dieta diária incluía principalmente alimentos vegetarianos. De acordo com Nieman (1999), os atletas vegetarianos com um consumo inadequado de uma variedade de alimentos, sofrem de uma deterioração do estado nutricional devido ao efeito interativo do seu esforço intenso e das suas práticas alimentares baseadas em alimentos vegetais, de tal forma que o desempenho, a saúde ou ambos são prejudicados.

O consumo inadequado de grupos de alimentos pelos lutadores no presente estudo pode ser devido à falta de conhecimento sobre a RD A. Cerca de 90% dos lutadores ficaram no albergue desportivo e não tinham escolha para a seleção de alimentos e estavam a consumir qualquer alimento fornecido na messe do albergue. Os jogadores que não residiam na residência desportiva consumiam apenas uma pequena variedade extra de alimentos que não satisfaziam as suas necessidades e consumiam comida de rua, produtos de padaria e refrigerantes em dias alternados (Tabela 4.3.3). A maioria dos jogadores acredita que o leite, a fruta e os alimentos não vegetarianos são escolhas alimentares adequadas para aumentar a sua força, em vez de comer legumes.

A dieta do desportista deve ser rica em hidratos de carbono, pobre em gorduras e moderada em proteínas (FAO/OMS, 1998). Cerca de 60-70% da energia total deve provir de hidratos de carbono, 25-30% de gorduras e 10-15% de proteínas. Os lutadores masculinos do presente estudo tiveram uma ingestão marginal de nutrientes energéticos (2006,53), uma vez que a dieta forneceu 51% das calorias provenientes de hidratos de carbono, 10% de proteínas e 35% de gorduras, enquanto que as lutadoras femininas do presente estudo tiveram uma ingestão de nutrientes energéticos inferior (1999.03) do que os lutadores do sexo masculino, uma vez que a dieta fornecia 47% de calorias provenientes de hidratos de carbono, 16% de proteínas e 30% de gorduras, o que está de acordo com as recomendações de Satyanarayana et .al (1985). A percentagem de energia total proveniente da gordura no caso dos lutadores foi superior às recomendações, enquanto que os hidratos de carbono e as proteínas foram inferiores às recomendações, o que pode dever-se ao consumo excessivo de gorduras e óleos e também ao consumo inadequado de leite e de alimentos de origem animal pelos lutadores, tal como observado.

A média de niacina e ferro foi inferior a 50%, enquanto a de tiamina, riboflavina e cálcio também foi inferior a 50%, em comparação com a ingestão de potássio, que foi superior a 100%. Este facto pode dever-se à baixa ingestão de vegetais de folha verde e de outros vegetais (Quadro 4.3.2). A adequação de mais de 100% para o ácido fólico, o potássio e o zinco pode dever-se ao consumo regular de alimentos como frutos, coalhada, cereais e leguminosas.

Moffatt (1984) também observou que as atletas do sexo feminino tinham menos de 75% da DDR para tiamina, niacina, ferro e cálcio. Tingler e Schiller (1989) também registaram uma baixa ingestão de ferro pelas atletas. Sohni e Singh (1997) observaram uma ingestão inadequada de nutrientes como a riboflavina (65,71%) e o ferro (41,77%) por parte das desportistas. Keith *et.al.* (1989) também observaram que a dieta dos ciclistas era pobre em energia (76% da DDR), magnésio (81% da DDR), ferro (59% da DDR) e zinco (48% da DDR), enquanto um terço dos ciclistas ingeria menos de 67% da DDR para piridoxina, folacina, cobalamina, vitamina E, magnésio, ferro e zinco.

5.2 INFORMAÇÃO DIETÉTICA DOS SUJEITOS

Os jogadores consumiram alimentos especiais como leite, produtos lácteos, frutas e frutos fritos para melhorar o seu desempenho (Tabela 4.4.4). Quase todos os jogadores estavam a consumir os alimentos especiais acima mencionados de acordo com a prescrição dos seus treinadores e poucos deles estavam a consumir por prescrição própria e a maioria deles estava a consumir estes alimentos especiais após o treino da manhã e poucos estavam a consumir após o treino da noite e após o jantar. As razões específicas apresentadas por eles foram: ganhar energia, força, resistência, potência, estar em forma e bem e manter uma boa saúde. E alguns dos sujeitos não estavam a tomar nenhum alimento especial para melhorar o seu desempenho desportivo e preferiam comer apenas alimentos normais.

Durante os dias dos eventos, ou seja, antes do início do jogo, a maioria dos lutadores preferiu consumir alimentos como chocolates, banana, sanduíches, sumos de fruta, biscoitos, batata cozida, lassi, batido de leite, glucose e alguns deles não preferiram consumir qualquer alimento (Tabela 4.4.5) e a razão específica dada por eles foi que os biscoitos e as sanduíches eram alimentos leves e que se sentiam confortáveis enquanto jogavam e não sentiam sede se consumissem sumos de fruta durante o jogo; além disso, alguns deles preferiam consumir batata cozida e banana porque se sentiam com energia durante todo o jogo, talvez porque estas são fontes ricas de hidratos de carbono e ajudam na libertação lenta e sustentada de glicose durante o jogo. Durante os eventos, ou seja, nos intervalos, preferem consumir glicose, sumos de fruta e electrólitos para combater a desidratação, a sede e a perda de minerais devido ao suor, e chocolate e banana porque obtêm energia a partir deles. Imediatamente após o evento, a maioria dos jogadores consumia glicose e água de coco para refrescar o corpo e reidratar, e poucos consumiam lassi, batidos de leite e doces, especialmente chocolates, biscoitos, sanduíches, banana e refeições pesadas, para uma recuperação rápida e para se sentirem relaxados, uma vez que estes alimentos contêm hidratos de carbono, que ajudam a ressíntese das reservas de glicogénio nos músculos, e proteínas, que ajudam a atenuar os danos musculares no corpo. Alguns dos jogadores consumiram sumos de fruta durante todo o jogo, ou seja, antes, durante e depois do jogo, para evitar problemas de desidratação. A maioria dos indivíduos consumiu glicose e electrólitos durante e após o jogo, para repor as suas perdas de glicose e minerais.

Poucos dias antes do início dos eventos e no dia do evento, todos os lutadores não preferiram comer alimentos fritos ou gordurosos (Tabela 4.4.6), como foi prescrito pelos seus treinadores, e a outra razão dada pela maioria deles foi para evitar o peso, a preguiça e o cansaço durante o jogo, o que pode ser devido ao aumento da deposição de gordura no tecido adiposo, que pode resultar em peso no corpo e resultar em náuseas. Alguns deles evitavam comer alimentos picantes e junk food, pois podem perturbar o estômago devido a uma digestão deficiente. O leite e os ovos também eram evitados por alguns jogadores, pois acreditavam que podiam tornar o seu corpo quente e podiam sentir-se desconfortáveis enquanto jogavam. A maioria dos lutadores evitou comer refeições pesadas e arroz algumas horas antes do início dos eventos e as razões dadas por eles foram, para evitar a sensação de vómito, peso e também para evitar a sonolência durante o jogo.

Durante os intervalos, alguns dos lutadores evitam consumir refrigerantes (bebidas gaseificadas) porque podem afetar a sua saúde. A maioria dos lutadores evita refeições pesadas, alimentos fritos, alimentos picantes, alimentos não vegetarianos, comida de plástico e leite, uma vez que afectam o desempenho dos lutadores. No final do dia do evento, alguns dos lutadores mencionaram que não tomavam refeições pesadas, alimentos fritos, alimentos não vegetarianos, junk food e alimentos condimentados, pois causam muito desconforto no estômago devido à fadiga.

5.3 CONSUMO DE ÁGUA E HÁBITOS DE EXERCÍCIO DOS LUTADORES

Os desportistas têm grandes necessidades de fluidos, uma vez que a perda de fluidos é particularmente elevada devido à transpiração. As actividades desportivas implicam um elevado dispêndio de energia sob a forma de calor. O aumento excessivo da temperatura corporal é evitado pela transpiração. Através deste sistema de arrefecimento pode perder-se, em média, cerca de um litro de líquidos por hora, que tem de ser reposto. Mesmo pequenas perdas de fluidos (l%-2% da massa corporal) diminuem o desempenho desportivo.

No presente estudo, a maioria dos lutadores tinha o hábito de beber 100-150 ml (Tabela 4.4.7) e poucos bebiam 50-100 ml de água 15 minutos antes do evento, mas é geralmente recomendado beber cerca de 400-/600 ml 2 horas antes e 150-350 ml 15 minutos antes do início do exercício ou evento (Convertino *et al.,* 1996). Durante o evento ou o exercício, ou seja, nos intervalos, nos intervalos de um quarto ou de meio tempo e no tempo passado no banco, alguns dos jogadores tinham o hábito de beber 150-200 ml e 100-150 ml de água. Além disso, alguns deles bebiam 200-250 ml de água, mas a recomendação geral é beber quantidades pequenas e frequentes, isto é, 150 ml a cada 15-20 minutos e também é sugerido beber 100 ml a cada 10 minutos, o que daria 600 ml para eventos que duram uma hora e ajudaria a limitar os efeitos da desidratação (Dennis et al., 1997). A maioria dos lutadores bebia 1 litro e alguns bebiam 500 ml de água imediatamente após o evento ou exercício, sendo que alguns dos jogadores continuam a beber cerca de 1000 ml de água durante algumas horas. Sugeriu-se que, após o exercício ou evento, se consumissem 500 ml de água imediatamente e se continuasse a beber durante algumas horas. No presente estudo, os hábitos de consumo de água dos jogadores durante os eventos são inferiores aos níveis recomendados. Esta perda de líquidos pode provocar falta de ar, tonturas, perturbações circulatórias, vómitos e cãibras musculares.

A explosão e a repetição de exercícios de curta duração são componentes importantes de todos os jogos. Todos os jogadores realizaram exercícios de step (Tabela 4.1.5), que têm como objetivo aumentar a força explosiva dos músculos das pernas (Isaacs 1998 e Stapff, 1998). O sprint, que foi praticado por todos os jogadores, é um exercício mais específico e funcional, tal como referido por Bridle (1999). A força muscular é também regularmente avaliada devido à sua importância num jogo, uma vez que um jogo diferente exige numerosas capacidades que devem ser aplicadas de forma dinâmica, explosiva e repetida. Por conseguinte, é importante ter em conta a força muscular dos braços e das pernas (Bridle 1999 e Stapff, 1998).

O salto é uma tarefa motora explosiva utilizada habitualmente ao longo do jogo sob diferentes formas. O exercício de salto é utilizado para aumentar a potência anaeróbia das pernas (Stone e Steingard, 1993). O salto vertical foi outro exercício simples praticado por todos os jogadores, que é muito específico para as exigências do jogo, que requerem saltos em todos os aspectos do jogo. As principais habilidades envolvidas no salto são o lay-up, o jump shot, o ressalto, o bloqueio do remate e a interceção do passe da bola, que são exercícios específicos de fortalecimento dos membros inferiores (Me Ardle *et al.* 1996).

RESUMO E CONCLUSÃO

Um estudo intitulado "Avaliação do estado nutricional de lutadores masculinos e femininos a nível distrital" foi realizado durante 2010-2012. O objetivo da presente investigação era avaliar o estado nutricional de lutadores masculinos e femininos a nível distrital.

Um total de 150 lutadores do sexo masculino e 150 lutadores do sexo feminino foram selecionados propositadamente para o estudo em várias áreas do Punjab. Foram recolhidas informações de carácter geral, tais como idade, habilitações literárias e profissão, através de entrevistas pessoais e de um questionário estruturado. Foram recolhidas informações sobre a atividade desportiva, a rotina diária, os hábitos alimentares, como o tipo de dieta, o padrão de consumo de água, o número de refeições ou bebidas consumidas por dia e os alimentos especiais, os alimentos ingeridos e evitados para a prática desportiva e a frequência de consumo de diferentes tipos de alimentos.

O perfil demográfico, os hábitos alimentares, os hábitos de exercício e a atividade desportiva foram registados através de um questionário estruturado. Os principais resultados do estudo são resumidos a seguir.

- Todos os lutadores do sexo masculino pertenciam a diferentes faixas etárias, mais de metade dos lutadores (87%) estavam entre 20-25 anos de idade e apenas (13%) estavam em 25-30 anos e em lutadores do sexo feminino também mais de metade do co (60%) estavam entre 20-25 anos de idade e apenas (40%) estavam em 25-30 anos.

Relativamente ao nível de literacia, um grande número de lutadores masculinos (66%) eram licenciados, enquanto que (27%) eram pós-graduados e (7%) eram estudantes universitários e nas lutadoras femininas (48%) eram licenciadas, (44%) estavam a fazer a sua pós-graduação e (8%) estavam a fazer o ensino secundário e nenhuma delas era analfabeta.

□ A maioria dos jogadores estava no campo do desporto desde os 2-4 anos, a maioria dos jogadores praticava o seu jogo há 2-4 anos e tinha jogado a nível nacional, seguido dos níveis estatal, distrital e universitário.

□ A maioria dos jogadores praticava o seu jogo diariamente.

□ Relativamente à prática de exercícios, todos os jogadores praticavam diariamente saltos, passos e sprints. Em média, quase todos eles praticavam exercícios de aquecimento desde há 2-3 anos.

□ A maioria gastava 5 a 10 minutos em exercícios de saltos, seguidos de 15 a 30 minutos em passos e 30 a 60 minutos em jogging. A maioria dos exercícios era praticada durante as horas da manhã.

□ Todos os jogadores eram vegetarianos e estavam a consumir 3 refeições por dia.

□ A maior parte deles consumia 1-2 chávenas de bebida matinal e mais de metade dos indivíduos consumia 1-2 copos de leite por dia.

□ A maior parte deles consumia produtos lácteos como alimento especial, seguido de leite de manhã, *amêndoa* e leite de manhã e à noite. Cerca de 50 por cento dos inquiridos consumiam leite à noite.

□ Antes do evento, a maioria dos jogadores tinha o hábito de consumir *sumo de fruta*, enquanto a maioria consumia glicose durante o evento e a maioria consumia sumo de fruta após o evento.

□ Antes do evento, a maioria dos lutadores evitou refeições pesadas, enquanto que a maioria dos lutadores evitou refeições pesadas durante o evento e refeições pesadas foram evitadas após o evento.

□ Observou-se que a maioria consumiu cerca de 100-150 ml de água antes do evento e a maioria consumiu 150-200 ml de água durante o evento, e a maioria consumiu 1000 ml de água após o evento.

□ DAU os lutadores do sexo masculino têm um valor médio mais elevado de altura, perímetro da cintura e relação cintura/quadril em comparação com as lutadoras do sexo feminino.

□ Todos os lutadores do sexo masculino têm valores médios mais elevados de ingestão de nutrientes em comparação com as lutadoras do sexo feminino.

□ Todos os jogadores consumiam cereais, leguminosas e leite, açúcar e óleo alimentar diariamente, a maioria consumia queijo, vegetais de folha verde, frutas, ghee, chocolates, doces e refrigerantes duas vezes por semana. A maioria consumia sementes oleaginosas, ghee, frutos, produtos de padaria, massa, comida de rua e gelados uma vez por semana. A geleia, os produtos de padaria e a comida de rua eram os alimentos consumidos pela maior parte dos indivíduos todas as quartas-feiras à noite; a massa e o chats eram consumidos uma vez por mês e ocasionalmente pela maior parte dos jogadores. O hambúrguer, a manteiga, o ghee e o queijo foram consumidos ocasionalmente pelos jogadores. A maioria dos atletas nunca consumiu ovos, frango, peixe, carne de carneiro e açúcar.

REFERÊNCIAS

Anderson, M., Bergman, E.A. and Nethery, V.M., 1994, Preexercise meal affects ride time to fatigue in trained cyclists. *J. American Dietet. Ass.* **94:** 1152-1153.

Andrews, J.L., Sedlock, D.A., Flynn, M.G., Navalata, J.W. e Honggvang, J., 2003, Carbohydrate loading and supplementation in endurance trained women runners. *J. Appl. Physiol.,* **72(8):** 2114-2120.

Anónimo, 1990, Official methods of Analysis of the association of official analytical chemists. 20ª ed., AOAC, Washington, D.C.

Bridle, J., 1999, *Comunicação pessoal,* página 3, novembro de 1999.

Chromiak, J. e António, J., 2002, Utilização de aminoácidos como agente libertador de hormonas de crescimento por atletas. *J. Nutr.,* **18:** 657-661.

Colombani, P.C., Mannhart, C., Wenk, C., Walter, W. e Frey, O., 2002, Nutritional intake during a 244 km multi sport ultra endurance race. *Pakistan J. Nutr.,* 1(13):724- 726.

Convertino, V.A., Armstrong, L.E., Coyle, E.F., Mack, G.W., Sawka, M.N. e Senay, L.C., 1996, American sports medicine position stand, Exercise and fluid replacement. *Med. Sci. and Sports Exch.,* **28(1):** 51-52.

Costa-cabral, C., Paixao-rosa do, G., Osorio-silva, C. e Bouzas e Marins, J., 2006, Diagnóstico do estado nutricional dos atletas da equipe olímpica permanente de levantamento de peso do Comitê Olímpico Brasileiro (COB). *REV Bras. Med. Esporte.,* **12(6):** 15-21.

Costill, D.L., 1985., Carbohydrate nutrition before, during and after exercise. *J. Fed. Proc.,* **44:** 364-368.

Dennis, S.C., Noakes, T.D. e Howley, J.A., 1997, Estratégias nutricionais para minimizar a fadiga durante o exercício prolongado: Fluid, electrolyte and energy replacement. *J. Sports Sci.,* **15:** 305- 313.

Deriemaker, P., Taeymans, J., Aerenhouts, D. e Hebbelinck, M., Clarys, P., 2007, ingestão nutricional e capacidade de desempenho físico em crianças flamengas: questão para o marketing responsável: jovens consumidores. *Insight and Ideas for Responsible Marketers,* 8(2): 83-93.

Deuster, P.A., Kyle, S.B., Mooser, P.B., Vigersky, R.A, Singh, A.P. e Schoomaker, E., 1986, Nutritional survey of high trained women. *American J. Clin. Nutr.,* **45:** 954- 956.

Ellsworth, N.M., Hewitt, B.F. and Haskell, W.L., 1985, Nutrition intake of elite male and female Nordic skiers. *Physiol. Sportmed.,* 13(2): 78-92.

FAO/OMS, 1998, Carbohydrates in human nutrition (Documento da FAO sobre alimentação e nutrição nº 66). FAO/OMS.

Fleck, S.J., 1983, Body composition of elite American athlete. *American J. Sports Med.,* **51:** s398-s403.

Gibala, M., 2002, Dietary protein, amino acid supplementats and recovery from exercise, *Sports Sci. Exch.,* 15(4):1-4.

Gopalan, C. e Vijayraghavan, R., 1971, Nutrition atlas of India, NIN, ICMR, Hyderabad.

Grandjean, A.C., 1997, Dieta dos desportistas de elite: A disciplina de nutrição desportiva teve algum impacto? Simpósio, *J. Nutr.,* **127:** 874s-877s.

Green, D.R., Gibbons, C., Toole, M., Williams, B.O. e Hiller, 1989, An evaluation of dietary intakes of triathletes: Are RDA's being met? *J. American Dietet. Ass.,* **89(2):** 1653- 1654.

Hargreaves, M.B., 2001, Pre-exercise nutritional strategies on metabolism and performance. *Canadian J. Appl. Physiol,* **26,** s64-s70.

Haussinger, D., Long, F. e Gerok, W., 1994, Regulation of cell function by the cellular hydration state. *American J. Physiol,* **267:** E343-E355.

Hawley, J. A. e Burke, L.M., 1997, Effect of meal frequency and timing on physical performance. *Br. J. Nutr.,* 77: s91-sl03.

Henrikson, J., 1995, Influence of exercise on insulin sensitivity (Influência do exercício na sensibilidade à insulina). *J. Cardiovasc. Risk,* 2(4): 303- 309.

Hickson, J.F., Johnson, C.W. and Stockton, J.E., 1989, Promotion of athletes nutritional intake by a university food service facility. *J. American Dietet. Ass,* 926-927.

Hickson, J.F., Schrader, J. e Trischler, T.C., 1986, Dietary intake of female basket-ball and gymnastic athletes. *American Dietet. Ass.,* 86(2): 251-253.

Husaini, M.A., Moeloek, D. e Utamin, S.S., 1998, Supplementation of "SU PRO(r) SOY" beverage powder on body size, iron status and physical performance of growing badminton athletes, *Relatório Final.* Centro de Investigação e Desenvolvimento da Nutrição, Bogor, Indonésia.

Isaacs, L.D., 1998, Comparison of the vertec and just jump system for measuring height of vertical jump for young children. *Percetual and Motor Skills,* **86:** 659-663.

Julia, A.D., Nogueira, Teresa, H.M. e Da costa, 2005, Estado nutricional de atletas de endurance: qual a informação disponível? *Arch. Nutr. Latina,* **53(1):** 323-327.

Karlsson, J. e Satin, B., 1971, Diet, glycogen and endurance performance. *J. Appl. Physiol.,* **31:** 203-206.

Kavitha, D.S., Yenagi, N.B., e Naik, R.K., 2001, Estado nutricional de atletas treinados da cidade de Dharwad. *Karnataka. J. Agric. Sci.,* **14(1):** 131-134.

Keith, Robert, E., O'keefee, K.A., Act, L.A. e young, K.L., 1989, Dietary status of trained female cyclists. *J. American Dietet. Assoc.,* **89(**11): 1620-1621.

Kelkar, G., Subhadra, K. e Chengappa, R.K., 2006, Nutrition knowledge, attitude and practices of competitive Indian sportsmen. *The Indian J. Nutr. Dietet.,* **43:** 293- 301.

Koopman, R., 2004, A ingestão combinada de proteínas e hidratos de carbono melhora o equilíbrio proteico durante o exercício de ultra-resistência. *American J. Physiol, and Endocrinol. Metab.,* **287:** E712- E720.

Kristiansen, M., 2005, Dietary supplement use by university athletes at a Canadian university (Utilização de suplementos alimentares por atletas universitários numa universidade canadiana). *IJSNEM,* **15(2).**

Lean, M.E., Han, T.S. e Morrison, C.E., 1995, Waist circumference as a measurement for indicating need for weight management. *British Medical Journal,* **42** (1): 33-36

Lemon, P.W., Tamopolsky, M.A., Macdougall, J.D. e Atkinson, S.A., 1992, Protein requirements and muscle mass/strength changes during intensive training in novice body builders. *J. Appl. Physiol.,* 73(2): 707-775.

Lemon, P.W.R., 1995, Do athletes need more dietary protein and amino acids? *Int. J. Sport Nutr.,* **5:** S39-61.

Maria, N., Hassapidou, D., Fourtounopoulos, E., Efstartious, S., Kitsou, C. e Papakitsos, 2003, Nutrient intakes of Greek basket-ball players. *Nutr. and Food Set,* **33(1):** 23-27.

McArdle, W.D., Katch, F.I. e Katch, V.L., 1991, Energy Nutrition and Human Performance (3ª ed.).

Moffatt, R.J., 1984, Dietary status of elite female high school gymnasts. Inadequação da ingestão de vitaminas e minerais. *J. American Dietet. Assoc.* **84(11):** 1361-1363.

Moffatt, R.J., 1984, Dietary status of elite female high school gymnasts: Inadequação da ingestão de vitaminas e minerais. *J. American Dietet. Ass.,* **84(11):** 1361-1363.

Mosely, L., Lancaster, G.I. e Jeukendrup, A.E., 2002, Effect of timing of pre-exercise ingestion of carbohydrate on subsequent metabolism and cycling performance. *European J. Appl. Physiol,* **88:** 453-458.

Nickerson, H.J., Holubets, M.,C., Weiler, B.R., Hass, R.G., Schwartz, S. e Ellefson, M.E., 1990, Etiology and incidence of iron deficiency in adolescent athletes. *Colloquem. Ins erm.,* **197:** 291-298.

Sahni, H. e Singh, I., 1997, Nutrient intake and physical efficiency of sportsmen. *J of Res,* Punjab Agricultural University, 34(3): 354-359.

Sathyanarayana, K., Rao, N.B.S., Rao, M.S. e Malhotra, M.S., 1985, Recommended Dietary Intakes for Indian Sportsmen and Women, NIN, Hyderabad.

Saunders, Michel, J., Kane, Mark, D. e Kent, T.M., 2004, Effect of carbohydrate-protein beverage on cycling endurance and muscle damage. *Med. Sci. and Sports Exerc.,* **36(7):** 1233- 1238.

Sherman, W.M. Peden, M.C. and Wright, D.A., 1991, Carbohydrate feeding Ih before exercise improves cycling performance. *American J. Clin. Nutr.,* **54:** 866-870.

Stanko, R.T., Robertson, R.J., Gallbreath, R.W., Reilly, J.J., Greenawalt, K.D. e Goss, F.L., 1990, Enhanced leg exercise endurance with a high-carbohydrate diet and dihydroxy acetone and pyruvate. *J. Appl. Physiol.,* **69(5):** 1651-1656.

Stanko, R.T., Robertson, R.T., Robertson, R.J., Galbreath, R.W., Reilly Jr.J.J., Greenwait, K.D., e Goss, F.I., 1990, Enhanced leg exercise endurance with a highcarbohydrate diet and dihydroxyacetone and pyruvate. *J. Appl. Physiol.,* **69:** 1651-1656.

Stapff, A., 1998, Jogadores de basquetebol. *In Gore J(Ed)'. Test methods Manual (3rd Ed)* Camberra: Comissão Austríaca do Desporto.

Stone, W.J. e Steingard, P.M., 1993, Year-round conditioning for basket-bailers. *Clin in Sports Med,* **12:** 173-191.

Tipton, K. e Wolfe, R., 2001, Exercise, protein metabolism, and muscle growth (Exercício, metabolismo proteico e crescimento muscular). *Int. J. Sports Nutr. andExerc. Metab.,* **11:** 109-132.

Utter, A.C., Kang, J., Nieman, D.C., Dumke, C.L., McAnulty, S.R., Vinci, D.,M., e Micanulty, L.S., 2004, Carbohydrate supplementation and perceived exertion during prolonged running. *American Col. Sports Med.,* **36(6):** 1036-1041.

Williams, C., Brewer, J. e Walker, M., 1992, The effect of a high carbohydrate diet on running performance during a 30-km tread mill time trial. *Eur. J. Appl. Physiol.,* 65(1): 18-24.

Williams, C., Ceri, W. e Nicholas, 1998, Nutritional needs for team sports. *Sports Sci. Exech.,* 11(93).

Zetou, E., Vemadaki, Z., Mountaki, F., Giatsis, G. e Laparidis, K., 2006, Common practices of beach volley ball players regarding fluid, supplements and nutrition intakeduring tournament. *Biblioteca de Ciências do Desporto,* **40(5).**

APÊNDICE I

Questionário para obter informações sobre a alimentação do atleta intra-universitário

Informações gerais:

a) Nome:
b) Idade:
c) Sexo: M / F
d) Formação académica:
   1) 10th
   2) +2
   3) Graduação
   4) Pós-graduação
e) Endereço:
f) Profissão:
g) Grupo de rendimento: Alto / moderado / baixo

Medidas antropométricas:

1) Altura:
2) Peso:
3) IMC:
4) Circunferência da cintura:
5) Circunferência da anca:
6) Relação cintura/quadril:
7) Circunferência média do braço:

Participação em actividades desportivas:

1) Há quanto tempo pratica desporto?
   a) 2-4 anos
   b) 4-6 anos
   c) 6-8 anos
   d) 8-10 anos
2) Que jogo é que joga?
   a) Salto em altura
   b) correr
   c) Arremesso
   d) salto em comprimento
   e) Qualquer outro
3) Experiência no seu jogo?
   a) 2-4 anos
   b) 4-7anos
4) Nível de participação?
   a) Nível nacional
   b) Nível estatal
   b) Nível distrital
   d) Nível universitário

5) Campeonato de grupo
   a) 1-4
   b) 4-8
   c) Nunca
6) Medalha individual
   a) Nunca
   b) 1-4
   c) 2-4
   d) mais de 4
7) Pratica o seu jogo todos os dias?
   Sim/não
8) Quanto tempo pratica?
   a) Diário
   b) Duas vezes por semana
   c) Três vezes por semana
   d) Todos os dias alternados
9) Quanto tempo passa noutros jogos?
   a) Duas vezes por semana
   b) Uma vez por semana
   c) Uma vez por mês
10) Faz exercício diariamente?
   Sim/não

Em caso afirmativo,

Name of the exercise	**Since once**	**Time spent (min)**	**Frequency per day**
1			
2			
3			
4			
5			

11) Quantas horas dorme (durante a noite)?
   a) 5-6 horas
   b) 6-8 horas
   c) 8-10 horas
   Hora do dia
   d) Não dormir
   e) 1-2 horas
   f) 2-3 horas

   Avaliação do regime alimentar:

Informações sobre os hábitos alimentares de rotina

12) Que tipo de dieta está a fazer?
   a) vegetariano
   b) Não-vegetariano
   c) ova-vegetariano
   d) lacto-vegetariano

13) a) Qual destas bebidas bebe de manhã?
   a) Chá
   b) café
   c) Leite
   d) sumo

13) b) Quantas chávenas?
   a) 1-2
   b) 2-4
   c) 4-6

14) Geralmente, quantas refeições toma por dia?
   a) 3
   b) 4
   c)5

15) Sente falta de alguma destas refeições?
   a) Pequeno-almoço
   b) meio-dia
   c) Almoço
   d) jantar

16) Em caso afirmativo, com que frequência falta (semanalmente)?

a) Uma vez por semana
b) duas vezes por semana
c) Três vezes por semana
d) diariamente

18) Qualquer alimento especial para desporto

a) Produtos lácteos
b) Frutos secos
c) Frutos
d) não tomar nenhuma

19) Alimentos ingeridos antes do evento

a) Idli
b) Sanduíche
c) Biscoitos
d) Chocolates

e) Banana
f) Batata cozida
g) Lassi
h) Batido de leite
i) Glicose
j) Sumo de fruta
k) Electrólitos
l) Água de coco
m) Refeições pesadas
n) Nada
20) Alimentos consumidos durante o evento
a) Idli
b) Sanduíche
c) Biscoitos
d) Chocolates
e) Banana
f) Batata cozida
g) Lassi
h) Batido de leite
i) Glicose
j) Sumo de fruta
k) Electrólitos
l) Água de coco
m) Refeições pesadas
n) Nada
21) Alimentos ingeridos após o evento
a) Idli
b) Sanduíche
c) Biscoitos
d) Chocolates
e) Banana
f) Batata cozida
g) Lassi
h) Batido de leite
i) Glucose
j) Sumo de fruta
k) Electrólitos
l) Água de coco
m) Refeições pesadas

n) Nada
22) Alimentos evitados antes do evento
a) Refeições pesadas
b) Alimentos fritos
c) Alimentos picantes
d) Arroz
e) Ovo
f) Alimentos não vegetarianos
g) Alimentos de plástico
h) Leite
i) Água gelada
j) Refrigerantes
23) Alimentos evitados durante o evento
a) Refeições pesadas
b) Alimentos fritos
c) Alimentos picantes
d) Arroz
e) Ovo
f) Alimentos não vegetarianos
g) Alimentos de plástico
h) Leite
i) Água gelada
j) Refrigerantes
24) Alimentos evitados após o evento
a) Refeições pesadas
b) Alimentos fritos
c) Alimentos picantes
d) Arroz
e) Ovo
f) Alimentos não vegetarianos
g) Alimentos de plástico
h) Leite
i) Água gelada
j) Refrigerantes
21) Hábito de beber água (antes do evento/durante o evento/depois do evento)
a) 50-150ml
b) 150-250ml
c) 500 ml
d) 1000ml

22) Toma algum suplemento?

a) Sim

b) não

23) Em caso afirmativo, que suplementos toma

a) Suplementos proteicos

b) Suplementos ricos em hidratos de carbono

c) Suplementos vitamínicos

d) Qualquer outro

24) Frequência de consumo de alimentos

Foods	Daily	Weekly twice	Weekly once	fortnightly	Once a month	Occasionally	Never
Cereals							
Pulses							
Oil seeds							
Milk							
Curds/butter							
Cheese							
Egg							
Chicken							
Fish							
Mutton							
Green leafy vegetables							
Other vegetables							
Fruits							
Butter							
Ghee							
Cooking oil							
Sugar							
Jaggery							
Bakery products							
Pizza							
Burger							
Noodles							
Street foods							
Ice creams							
Chocolates							
Sweets							

Soft drinks							

Recall de 24 horas

Menu do dia seguido no albergue desportivo

Days/timing	Monday	Tuesday	Wednesday	Thursday	Friday	Saturday	Sunday
Morning 6:00-6:30	1 cup tea + Biscuits	1 cup tea + Biscuits	1 cup tea + Biscuits	1 cup tea + Biscuits	1 cup tea + Biscuits	1 cup tea + Biscuits	1 cup tea + Biscuits
Breakfast 8:30-9:30	Aloo parantha /bread + curd + butter + milk	parantha /bread + curd + butter + milk	Aloo parantha /bread + curd + butter + milk	Stuff parantha/bread + curd +butter + milk	parantha /bread + curd + butter + milk	Aloo parantha /bread + curd + butter + milk	Stuff parantha/bread + curd +butter + milk
Lunch 12:00 – 2:30	Chapatti/rice + rajmah + curd + salad	Chapatti/rice + black channa +curd + salad	Chapatti/rice + white channa + curd + salad	Chapatti/rice + kadhi + salad	Chapatti/rice + maa kid al + raita + salad	Chapatti/rice + matar aloo + curd + salad	Bhatura + channa + raita + salad
Snacks 4:00 – 5:00	Tea + samosa	Tea + tikki	Tea + bread pakora	Tea + samosa	Tea + pakore	Tea + tikki	Tea + mathi
Dinner 8:00 – 9:30	Chapatti/rice + dal +kofta + salad	Chapatti/rice + dal + nutri + salad	Chapatti/rice + dal + aloo sabji+ salad + custard	Chapatti/rice + gobhi aloo + dal + salad	Chapatti/rice + vegetable + dal + salad	Chapatti/rice + vegatable + dal + salad + kheer	Chapatti/rice + dal +palak paneer + salad
Bed time	1 glass milk	1 glass milk	1 glass milk	1 glass milk	1 glass milk	1 glass milk	1 glass milk

Printed by Books on Demand GmbH, Norderstedt / Germany